AF275354

ELOGIO DEL TIEMPO

Una aproximación humanista

a nivel profesional y vital

Eduard Prats

ELOGIO DEL TIEMPO

Una aproximación humanista
a nivel profesional y vital

Eduard Prats

Seurat ☰

Elogio del tiempo. Una aproximación humanista a nivel professional y vital

©Eduard Prats, 2024

De esta edición

© Seurat ediciones

http://www.seuratediciones.es

info@seuratediciones.es

Diseño de cubierta

Editando // www.editando.es

ISBN-13: 978-84-125322-8-9

Depósito legal: M-11733-2024

Todos los derechos reservados

Índice

Prólogo

Los que peor emplean su tiempo
son los primeros en quejarse
de su brevedad.

Jean De La Bruyere

En el universo de nuestras vidas, se teje un único hilo temporal que entrelaza nuestra esencia humana con las aristas de lo personal y lo laboral. Aunque a menudo percibimos dos tiempos distintos: la visión holística de la existencia que anhela la integración armónica de la vida personal y el devenir laboral. Pero el desafío supremo se presenta a la hora de fusionar estos espacios, sin fricciones ni desencuentros.

Esto, en esencia, constituye el núcleo del prólogo que inaugura estas páginas y, por ende, de nuestra propia existencia. No buscamos solo un equilibrio, sino la integración plena de cada faceta, uniendo las dimensiones laborales y personales.

Este proceso dinámico, en mi opinión, experimenta variaciones según la etapa vital de cada individuo. Por ejemplo, al acabar la universidad y adentrarte en el ámbito laboral, surge un impulso arrollador por conquistar el mundo. La percepción del tiempo no es la misma a los 20 años, que a los 40, o a partir de los 50. La conciliación de esta necesidad o perspectiva de que el tiempo es único, creo que se afianza cada vez más con el transcurso de los años y con la madurez.

Con la madurez, esa conciencia se intensifica al darte cuenta de que el tiempo es como tener dinero en el banco y que cada día que pasa va disminuyendo.

En cambio, en la juventud, el tiempo se experimenta de manera diferente. Curiosamente, creo que esta percepción tiene su lado positivo, ya que, seguramente, si contáramos con una reflexión tan profunda del tiempo en la juventud, tal vez nos abstendríamos de emprender tantas cosas. Es decir, puede parecer paradójico, ya que se argumenta que necesitas madurar, envejecer o crecer para ser consciente. Desde mi perspectiva, en cambio, la falta de conciencia en la juventud puede ser beneficiosa, liberándonos de las restricciones que el miedo podría imponer.

En esa etapa reina una cierta inconsciencia. Todos conocemos una frase célebre que reza: "Como no sabíamos que era imposible, lo hicimos". Es decir, al actuar desde la inconsciencia, nos aventuramos en cosas que, desde una perspectiva racional y lógica, ni siquiera consideraríamos. Pero, al desconocer las limitaciones, logramos superarlas.

Esta falta de conciencia, en mi opinión, es lo que permite a las personas desarrollar sus carreras profesionales sin sentirse limitadas por la percepción de la escasez del tiempo.

Cada cosa tiene su momento, eso es innegable. Lo crucial, desde mi perspectiva, es ser consciente de que hay un tiempo designado para cada actividad. En algún punto, es necesario, como en un libro, cambiar de capítulo o pasar página. La clave radica en no actuar de la misma manera en todas las etapas de la vida. A los 20 años, no puedes comportarte como si tuvieras 50, y a los 50, no puedes actuar como si tuvieras 20.

En la juventud, actuar sin mucha reflexión puede estar vinculado a esa falta de conciencia, ya que es la época de expansión, de crecimiento personal. Sin embargo, la madurez no implica renunciar a la acción. Personalmente, sostengo que todos somos emprendedores, incluso aquellos que no se identifican como tal. Levantarnos cada mañana y afrontar un nuevo día es, en sí mismo, un acto de emprendimiento. Esta perspectiva desafía la noción de que solo aquellos que se autodenominan emprendedores lo son, ya que cada individuo aborda la vida de una manera única. A diario, nos enfrentamos a responsabilidades laborales, familiares, sociales y a la complejidad del mundo, lo que implica un continuo acto de emprendimiento. La vida no es simplemente algo que observamos como si fuera una obra de teatro, sino una experiencia que requiere habilidades para desenvolvernos en un entorno complejo.

En la vida, todos estamos en el escenario. Puedes optar por desempeñar un papel más o menos significativo, pero siempre estás presente en el escenario. En otras palabras, no hay dos vidas, solo una, y todos somos protagonistas de ella. Es por esto que afirmo que todos somos emprendedores, ya que cada uno participa activamente en el momento presente.

En mi experiencia como docente he observado que los jóvenes de hoy valoran enormemente disponer de su propio tiempo para dedicarlo al ocio. Esta actitud, comprensible y enriquecedora, nos enseña que el aprendizaje fluye no solo de mayores a jóvenes, sino también en sentido inverso. La importancia que los jóvenes otorgan al equilibrio entre responsabilidades laborales y momentos de descanso es una lección valiosa y marcada, una tendencia que no era tan destacada en generaciones anteriores.

Si nos preguntamos porque la generación actual es tan diferente a las anteriores, en mi opinión se debe a una sensación de frustración. El denominado "ascensor social", basado en el principio de que más esfuerzo conllevaba a mayores logros, ha dejado de funcionar. Aunque este principio no se cumplía siempre al 100%, la gente solía ser consciente de que el éxito estaba directamente relacionado con el esfuerzo.

Sin embargo, llegó un momento en el que esta fórmula dejó de ser efectiva. Los jóvenes, fruto de esta frustración, perdieron el vínculo con la idea de permanecer toda la vida en una empresa. En la actualidad, es difícil generalizar, pero las nuevas generaciones, recién salidas de la universidad o de formación profesional, no conciben la idea de dedicar toda su vida a una sola empresa. Para las nuevas generaciones, las etapas son más cortas en comparación con las que experimentamos en generaciones anteriores, que solían ser ciclos más prolongados.

Hoy en día, los ciclos profesionales son notablemente más cortos, y la tolerancia a la frustración es menor. La gente inicia un ciclo que puede durar apenas seis meses, y si no les satisface, optan por cambiar a otra opción. Este comportamiento, refleja una mayor preparación para adaptarse al cambio. En este sentido, los jóvenes demuestran más flexibilidad. Hay que recordar que también en su momento, a su edad, enfrentábamos desafíos similares. Dar pasos significativos, como cambiar de trabajo, era complicado y recordamos las conversaciones con nuestros padres, quienes nos aconsejaban reflexionar cuidadosamente antes de tomar decisiones importantes.

Además, actualmente, los jóvenes valoran la alineación de valores personales con los de la empresa para comprometerse a largo plazo. La importancia que otorgan a su dimensión personal se refleja en la necesidad que hace que los valores de la empresa concuerden con los suyos, como ser respetuosos con el medio ambiente y la justicia social. Si encuentran esta armonía, están dispuestos a quedarse y sentirse satisfechos. Sin embargo, si solo se les ofrece buena remuneración, horario y posición, pero la empresa va en contra de sus valores personales, como contaminar o producir alimentos no saludables, optan por marcharse. Lo personal es también de gran relevancia. También hay que tener en cuenta que, a pesar de su formación universitaria, a menudo reciben salarios por debajo de lo que merecerían.

¿Por qué ocurre esto? Porque estamos generando empleo en sectores de bajo valor añadido. Es decir, hay una gran cantidad de población que se incorpora al mercado laboral, pero en áreas que no generan valor. ¿A qué nos referimos con valor añadido? Principalmente, nos referimos a sectores que son referentes mundiales en estos momentos, como la tecnología, aplicada también a la salud e investigación. En España, aunque se realiza investigación, es notablemente limitada en comparación con otros países.

Países como Alemania, Finlandia, Dinamarca, Suecia y Noruega destinan considerablemente más recursos a la investigación que España. Estos países se toman en serio la conexión entre la investigación y su aplicación práctica. Existe una diferencia notable en comparación con España, donde la transferencia de conocimiento no tiene el alcance que debería.

En nuestra sociedad, resulta fundamental que los centros de investigación impulsen la innovación tecnológica y generen patentes para crear productos y servicios que satisfagan las necesidades cambiantes del mundo en el que vivimos. Sin embargo, en España, a menudo se señala la falta de coordinación entre la universidad y las empresas, un obstáculo para el flujo eficaz de la innovación. Y para superar esta brecha, los gobiernos tienen la responsabilidad de orientar estratégicamente, al menos en grandes ejes, facilitando la colaboración efectiva entre las instituciones académicas y el sector empresarial.

Al final, un país se asemeja a una empresa, y debemos imaginar qué país queremos tener a 20 años vista. Si el Estado no se involucra, falta un director de orquesta. Y es por eso que los jóvenes reaccionan de esta manera, ante la ausencia de un proyecto claro.

Por lo tanto, si creamos empleo de bajo valor añadido, este será poco remunerado y requerirá largas jornadas de trabajo. Es decir, como se dice en español, "échale horas". Por lo tanto, si hablamos de preservar el tiempo personal, familiar y de ocio, esto solo es posible si generamos empleos de alto valor añadido, donde se pague más y se trabaje mejor.

Cuando la juventud percibe que le resulta difícil formar una familia, independizarse y tener un proyecto de vida, es comprensible que prioricen otros aspectos, como el tiempo. En última instancia, si no pueden tener un proyecto de vida familiar y no hay un retorno significativo a esos sacrificios, es natural que opten por dedicar más tiempo a sí mismos. Aunque es alentador ver esta toma de conciencia entre los jóvenes, es crucial abordar la raíz del problema para ofrecer soluciones más sustantivas.

Como decía antes, es positivo que los jóvenes no sientan apego a un trabajo y estén dispuestos a cambiar cada seis meses, ya que el desapego en general puede ser liberador. Sin embargo, mi preocupación radica en entender por qué han llegado a esta actitud. ¿Es una elección voluntaria o más bien una respuesta a la falta de opciones? Parece ser una adaptación al contexto, donde las reglas del juego son establecidas por las circunstancias más que por elección personal.

La juventud necesita mantener la ilusión. Si no la tienen ahora, ¿cuándo la encontrarán? En ese sentido, existe una realidad preocupante. Algunos jóvenes renuncian a sus sueños de ser emprendedores o generar proyectos, optando en cambio por el sueño de ser funcionarios. No aspiran a puestos de alto nivel, sino a cobrar un salario modesto, seguro y vitalicio, sin ninguna exigencia ni desafío. Esta perspectiva es un reto para el país. Es muy mala noticia porque los efectos se pagan en diferido. Es decir, hoy puede parecer muy bonito, puedes pensar que la juventud hoy tiene más conciencia de que no todo es el trabajo, y eso está bien. Pero la pregunta crucial es si esta falta de empuje y de ilusión la vamos a pagar todos como sociedad.

¿Qué pasa si perdemos la ilusión en esa etapa de la vida? ¿Qué motivación tendremos al llegar a edades más avanzadas, cuando este impulso disminuye? Hoy, de alguna manera, todos como sociedad vivimos gracias a los esfuerzos e impulsos que hicimos hace años. Un ejemplo claro es Barcelona, donde hubo individuos que trabajaron incansablemente para convertirla en una ciudad olímpica, desafiando lo que se consideraba imposible. Y hoy todos, incluso aquellos que no lo creían, nos beneficiamos del impulso de esas personas que pusieron Barcelona en el mapa mundial y continúan atrayendo eventos como congresos médicos y tecnológicos, como el Mobile World Congress, entre otros. Todo esto es posible gracias a la visión y la ilusión de quienes impulsaron los Juegos Olímpicos. No obstante, mi preocupación actual es que la juventud pierda la ilusión y adopte esta forma de vida no como un acto de vivir plenamente, sino simplemente como una manera de sobrevivir.

Es por todo esto y tal y como decía antes que en la vida distinguimos entre el tiempo personal y el tiempo dedicado al trabajo, cada uno con sus demandas y desafíos. Sin embargo, el verdadero desafío radica en alcanzar una alta cualificación y aportar un valor significativo. Cuando nos posicionamos como profesionales orientados al futuro, respondiendo a las necesidades emergentes y generando valor, la consecuencia natural será trabajar menos horas y percibir ingresos más elevados. Este equilibrio nos brindará tanto tiempo personal como laboral, marcando así la pauta para una vida más plena y satisfactoria.

Este logro, sin embargo, solo será posible si transformamos el modelo productivo. Mi perspectiva es a la vez optimista y pesimista. Soy optimista porque veo una solución viable. No obstante, la implementación de planes de cambio, especialmente al nivel de un país, es un proceso complejo. Las decisiones tomadas hoy, aunque hipotéticamente transformadoras, solo se reflejarían dentro de unas dos décadas. Aquí surge otro dilema: los gobiernos, en el mejor de los casos, tienen legislaturas que duran cuatro años y considero que, posiblemente, las legislaturas deberían extenderse un poco más.

En este contexto, es crucial destacar que, a pesar de las críticas que a veces reciben, los funcionarios juegan un papel fundamental en la preservación de la estabilidad del país, incluso en momentos de incertidumbre política. Su presencia proporciona una estructura permanente que contribuye al funcionamiento eficiente de la sociedad. Gracias a los funcionarios, cuando hay inestabilidad en los gobiernos, ya sea en gobiernos de coalición, municipales, autonómicos o estatales, el país sigue funcionando. Lo básico continúa operando. Esta red de funcionarios despliega un rol vital, y es esencial reconocer su contribución para evitar interpretaciones que los asocien erróneamente con la idea de personas no productivas que solo reciben salarios sin aportar.

No obstante, aparte de la importancia de las tareas que desempeñan los empleados de la administración, surge otra consideración relevante: la cantidad adecuada de personas necesarias para llevar a cabo estas funciones. Es aquí donde se presenta la disfunción y la necesidad de abordar de manera eficiente la asignación de recursos humanos en el ámbito gubernamental.

Debo añadir, que pagamos un tributo considerable por el talento que forjamos, un talento que, en ocasiones, florece en tierras distantes. Es el momento de detenernos, de reflexionar con detenimiento, de hilar nuestras decisiones presentes de manera que desplieguen un futuro promisorio. Esta pausa reflexiva es esencial, tanto a nivel personal como ciudadano, tejida con la responsabilidad de moldear el porvenir.

A nivel gubernamental, se torna imperativo que los líderes de nuestra nación también se tomen el tiempo necesario para forjar decisiones que no solo aborden el hoy, sino que construyan un mañana prometedor. Colectivamente, como ciudadanos, es nuestro deber reivindicar el anhelo de una juventud que quiere contribuir a la grandeza del país. En esta sinfonía de tiempo y decisiones, todos, desde el individuo hasta el Estado, tenemos el poder de moldear el futuro que anhelamos.

Porque, al final, en la orquesta de la vida, la libertad de decisión resuena como una nota fundamental. Cuando esta libertad se ve constreñida, cuando las circunstancias limitan las opciones, emerge una triste melodía. La expulsión forzada de jóvenes talentos, que anhelan contribuir a su tierra, se presenta como una consecuencia amarga de un sistema que no brinda oportunidades suficientes.

Al mismo tiempo, la percepción del tiempo en el ámbito empresarial adquiere una importancia aún mayor. La gestión eficiente del tiempo se vuelve esencial, ya que la libertad para decidir el rumbo a largo plazo de un negocio se ve comprometida por la falta de previsión y planificación. La historia empresarial está llena de ejemplos, como los casos de Nokia y Kodak, empresas que, a pesar de su dominio inicial, no supieron adaptarse a los cambios y sucumbieron.

En este contexto, tanto en la vida personal como en el ámbito empresarial, la conciencia del tiempo y la toma de decisiones informadas son claves para construir un futuro sólido y satisfactorio. La libertad de decisión y la gestión efectiva del tiempo se entrelazan, creando una sinfonía que define el curso de nuestras vidas y el destino de nuestras empresas.

En las empresas mencionadas anteriormente, incluso en otras, probablemente había muy pocas personas con tiempo libre para prever el futuro. En el ámbito de la gestión empresarial, considero que, según el tamaño de la empresa, resulta beneficioso y esencial contar con alguien que disponga de tiempo. Esta necesidad es crítica, ya que es frecuente escuchar a ejecutivos expresar repetidamente: "No tengo tiempo", una lamentable realidad que impregna el mundo empresarial.

En ese sentido, sostengo la convicción de que en empresas, especialmente las de gran dimensión, es vital contar con un directivo y, sobre todo, con tiempo. Es decir, que el tiempo sea su recurso principal y no esté vinculado a las operaciones diarias de la compañía. Este enfoque de contar con un líder que mire hacia el futuro y el presente podría parecer extravagante, ya que se asocia a menudo a la ociosidad. Sin embargo, prescindir de personas con este enfoque estratégico puede llevar a la desaparición de muchas empresas, a pesar de su dominio y posición de liderazgo en el mercado. Esta perspectiva, crucial hace 15 o 20 años, adquiere una relevancia aún mayor en la actualidad, dado el vertiginoso ritmo del cambio.

De esta manera, si me cuestionas acerca de la importancia de la gestión en el contexto empresarial, la respuesta es rotundamente clara: es crítica. A nivel tecnológico, las barreras de entrada son mínimas en la actualidad. Por ejemplo, con la inteligencia artificial, incluso una pequeña empresa puede acceder de manera gratuita. No hay excusa plausible para no aprovechar estas herramientas. No obstante, es fundamental tener presente la necesidad de proyectar cómo será nuestra empresa en los próximos dos, tres, cuatro o cinco años.

Aquí se presenta un aspecto esencial: cuando las cosas van mal, el tiempo para rectificar se agota, y cuando nos van bien, tendemos a descuidar la prevención. Por eso, afirmo que la gestión empresarial, desde mi perspectiva, guarda una notable similitud con el ámbito de la salud, donde la prevención es una premisa en la cual deposito una confianza profunda.

Asimismo, tener tiempo se erige como una medida preventiva fundamental para evitar la mortalidad empresarial. En otras palabras, la falta de tiempo aumenta las posibilidades de que una empresa desaparezca o pierda su liderazgo. El tiempo se convierte así en un recurso estratégico para la supervivencia y la posición competitiva en el mercado, siendo esencial para anticipar cambios y adaptarse a nuevas condiciones en el entorno empresarial tan dinámico en el cual vivimos.

Hoy en día, el rol del "Chief Happiness Officer" está en auge en las empresas, aunque pocas veces contemplamos tener a alguien que supervise cómo los directivos manejan su tiempo. A menudo, se destinan recursos a reuniones sin sentido, a viajes innecesarios o a la apertura de proyectos que superan la capacidad de ser abordados. Reflexionar sobre cómo invertimos nuestro tiempo es esencial, ya que una gestión eficiente puede ser la clave para fomentar la estabilidad y el éxito empresarial a largo plazo.

Además, surge un aspecto crucial que requiere un cambio en la cultura empresarial. Las empresas suelen pensar erróneamente que la rentabilidad del salario de un empleado se logra manteniéndolo ocupado en exceso. Esto lleva a situaciones donde la persona, para justificar su posición y salario, se ve obligada a participar en numerosas reuniones diarias o a estar constantemente ocupada. Este enfoque es un error. Tener a alguien constantemente estresado no solo reduce su campo de visión, sino que también plantea la pregunta fundamental: ¿Para qué? ¿Cuál es el propósito detrás de tantas actividades y reuniones? Este planteamiento merece una revisión en profundidad para optimizar la eficiencia y la calidad del trabajo.

Si los directivos tuviesen más tiempo, por ejemplo, para hablar con sus equipos, probablemente las compañías tendrían una cultura de empresa más humana. La comunicación es esencial; sin embargo, la falta de tiempo dificulta este aspecto. Las empresas enferman, la gente no está alineada con ellas, y luego buscamos soluciones externas para remediarlo. Regresamos al punto inicial: uno de los KPIs no controlados es el tiempo dedicado a la comunicación con los equipos. Nos enfocamos en indicadores cuantitativos y olvidamos medir aquellos cualitativos que realmente impulsan el funcionamiento efectivo de las empresas. Así, se implementan programas para mejorar el bienestar laboral, cuando, en realidad, es más sencillo y efectivo dedicar tiempo a la comunicación desde el principio.

Encontrar esos momentos para dialogar con las personas se torna esencial, agravado por la hiperconectividad inducida por las nuevas tecnologías. Si preguntamos a los actuales directivos si mantienen conversaciones con sus equipos, muchos responderán afirmativamente, argumentando que incluso lo hacen más que antes. Sin embargo, la pregunta crucial es: ¿intercambian información o sostienen diálogos genuinos y conexiones significativas con sus equipos? Es imperativo reconocer esta diferencia y asignar tiempo de calidad a una comunicación auténtica.

¿Por qué nos sorprende cuando la gente no se involucra en un proyecto o pierde el sentido de pertenencia? Muchos expresan con nostalgia que antes la empresa era como una familia. Esta sensación de pérdida refleja que el concepto de familia se relaciona con la interacción y el intercambio, aspectos que han disminuido en la actualidad. Pensando en el concepto de familia o tribu, en el cual las tribus se reunían alrededor del fuego para intercambiar experiencias, esta dinámica ha desaparecido. Aunque no afirmo que sea la única causa de la gran desafección empresarial, sí contribuye a ella. Reconocer esta realidad y promover la restauración de conexiones genuinas se vuelve esencial para reavivar un sentido de pertenencia en el entorno laboral.

El sistema empresarial actual está experimentando transformaciones. Percibo que todas las empresas, sin importar su tamaño, son conscientes de este cambio y están agotando las últimas reservas del modelo actual. Esta presión intensa se traduce en la necesidad de obtener resultados inmediatos debido al agotamiento del modelo existente y a la disminución de los márgenes. Sin embargo, muchos no se percatan de que este agotamiento acelera el cambio del modelo. La insatisfacción y el agotamiento de las personas ante este sistema se manifiestan en la búsqueda de una vida más equilibrada y satisfactoria. Aunque la tecnología suele señalarse como culpable, no es el problema en sí misma, sino el uso que hacemos de ella. Se requiere una regulación que permita a las personas desconectar y recuperar un espacio para la reflexión. Incluso plataformas como TikTok han anunciado medidas para restringir el tiempo de uso, reconociendo la necesidad de equilibrio en la era digital. Este cambio se traduce en recuperar un valioso "tiempo de tiempo", permitiendo a las personas reconectar consigo mismas y con los demás de una manera más significativa.

En un contexto donde incluso los jóvenes de 18 años, quienes están finalizando el Bachillerato, se ven abrumados por la falta de tiempo debido a las constantes demandas académicas, surge la preocupación. Educados en la premisa de que no hay tiempo para reflexionar sobre sus aspiraciones profesionales ni para construir relaciones significativas, enfrentan un escenario desafiante. Si desde temprana edad se les inculca que no hay tiempo para relacionarse, surgirán numerosos problemas que afectarán su desarrollo personal y profesional.

En este contexto, la presión constante sobre los jóvenes, privándolos del tiempo necesario para la creatividad y la reflexión, plantea interrogantes cruciales sobre el desarrollo humano. La falta de tiempo para practicar deportes, socializar y simplemente aburrirse limita la oportunidad de explorar nuevas ideas y perspectivas auténticas. En una sociedad que desestima el aburrimiento y exige una actividad continua, se socava la posibilidad de que florezcan pensamientos innovadores.

Ante este dilema, surge la pregunta fundamental: ¿estamos dispuestos a recuperar nuestra humanidad o ya hemos renunciado a ello? La amenaza de deshumanización se cierne sobre nosotros si persistimos en este camino. Pero cuando hablamos de deshumanización, no solo nos referimos a perder aspectos de nuestra humanidad, sino a transformarnos en máquinas desprovistas de emociones, simples programas que operan a alta velocidad y están disponibles sin descanso. Esta deshumanización se agrava con la omnipresencia de las nuevas tecnologías, las cuales, en lugar de facilitar la vida, a menudo contribuyen desconexión social.

En este contexto, se destaca la necesidad de líderes y directivos con capacidad de pensamiento crítico y una perspectiva humanista. La sobreexposición a las tecnologías, en lugar de enriquecer nuestras vidas, a menudo nos ha llevado a una rutina vertiginosa, donde la búsqueda constante de la siguiente notificación nos priva de momentos de reflexión y conexión genuina.

Paradójicamente, al enfocarnos en formar profesionales altamente especializados, corremos el riesgo de formar, por ejemplo, a ingenieros sin cultivar la esencia del ingenio. En este momento crucial, ¿estamos dispuestos a reevaluar nuestras prioridades y redescubrir la importancia de preservar nuestra humanidad en lugar de sucumbir a la implacable carrera hacia la deshumanización?

En este sentido, se destaca la importancia vital de la gestión del tiempo como recurso esencial para la creatividad, la reflexión y la conexión humana. La sociedad contemporánea, obsesionada con la actividad constante y la dependencia tecnológica, necesita reconocer el valor del "tiempo libre", aquel que permite a las personas explorar pensamientos, fomentar la creatividad y fortalecer relaciones. Así que en lugar de sacrificarnos en el altar de la productividad incesante, es esencial recalibrar nuestra relación con el tiempo y permitirnos el lujo de aburrirnos, reflexionar y, en última instancia, preservar nuestra humanidad en un mundo cada vez más vertiginoso y digitalmente conectado.

Parte I

La gestión del tiempo profesional

La mayoría de nosotros dedicamos demasiado tiempo a lo urgente y poco a lo importante.

Stephen Covey

Productividad

En el complejo entramado que es el mundo laboral, la productividad emerge como un elemento central que influye no solo en el rendimiento individual, sino también en el éxito colectivo de los equipos y organizaciones. La eficiente gestión de recursos se revela como un pilar esencial en este contexto, donde la optimización de recursos tecnológicos o de infraestructuras, por ejemplo, es tan crucial como la primordial gestión de recursos humanos.

La productividad en el trabajo se convierte así en una pieza clave para alcanzar metas y objetivos, y su optimización se traduce en un impacto directo en la calidad de los resultados obtenidos.

En este contexto, liderar grupos de individuos es un arte. Estamos formando colectivos de personas que desempeñan roles directivos, pero a menudo no expresan su talento, ya sea por temor o timidez, manteniendo así oculta esta habilidad innata. En el ámbito empresarial, todos tenemos en mente nombres de personas que han sido referentes y que poseían la capacidad de ejercer un liderazgo magnético, capaz de inspirar y movilizar a quienes los rodeaban.

El directivo se asemeja a un artista, desempeñando un papel crucial en la rehumanización de la empresa. La función directiva conlleva experiencias similares, por lo que sostengo que liderar está intrínsecamente vinculado a la creatividad. Recuerdo una situación en una de mis empresas, donde los creativos expresaron: "No nos comprendes, nosotros somos creativos y tú eres el director". Mi respuesta fue tajante: "No os equivoquéis, soy tan creativo como vosotros, ya que para dar con soluciones eficaces la creatividad es una herramienta fundamental".

Consecuentemente, como señalaba anteriormente al hablar de la productividad, esta reflexión reverbera con frecuencia en los círculos de discusión acerca del tipo de formación que deberían recibir tanto los jóvenes como los profesionales. Nuevamente, destaca la imperiosa necesidad de dirigirnos hacia capacitaciones que arraiguen más profundamente en el campo de las humanidades, enfocándonos no solo en habilidades técnicas, sino también en el arte de pensar y ayudar a otros a hacerlo. A pesar de esto, en ocasiones, se subestima su impacto debido a la prevalencia de la mentalidad cortoplacista, especialmente en áreas financieras donde la presión por los resultados inmediatos condiciona nuestras percepciones y relaciones. Y así, despreciamos temas que, en última instancia, contribuyen a forjar una organización más sólida, robusta y preparada para tolerar la frustración, las equivocaciones y los cambios.

Los líderes que integran su formación académica con disciplinas vinculadas a la expresión artística poseen un equilibrio emocional que les confiere una mayor capacidad para dirigir e influir positivamente en los demás. Al observar a un individuo que, además de destacar en el ámbito financiero, muestra un apasionado interés por la poesía o la filosofía, se revela una solidez excepcional. Este conjunto de habilidades técnicas y una caja de herramientas mentales proporcionan recursos valiosos para abordar problemas desde perspectivas innovadoras. Estas herramientas mentales, que se remontan a los grandes pensadores clásicos, demuestran que ciertos desafíos y reflexiones actuales encuentran eco en la historia, fortaleciendo la idea de que, en muchos aspectos, la historia se repite. Así pues, la gestión del miedo y de la incertidumbre, elementos fundamentales en el liderazgo, se entrelazan con el pensamiento filosófico, añadiendo una dimensión clave a la formación integral de un líder.

En la era actual, disfrutamos de un acceso abundante a la información, pero la pregunta crucial es: ¿con qué propósito? Si no somos capaces de gestionar la ingente cantidad de datos con análisis y reflexión, esa abundancia carece de utilidad. Nos hallamos sobreestimulados y sobrecargados por numerosas amenazas e impactos, más de los que realmente hay. Por eso, un líder sereno debe liderar cambios y anticiparse sin sembrar el temor en la organización. Desafortunadamente, en la actualidad muchas organizaciones están desorientadas y preocupadas por la pérdida de talento. En lugar de transmitir serenidad, se propagan el temor y el pánico, resultando perjudicial. En períodos de cambios acelerados, los líderes atrapados por el pánico contagian la ansiedad a la empresa, afectando a la productividad y a la creatividad. En un entorno de miedo, la creatividad e innovación colapsan, dejando espacio únicamente para la supervivencia pura, mientras que la verdadera creatividad y la innovación florecen en un estado de ánimo sereno.

A lo largo de la historia, la humanidad ha demostrado ser una especie intrínsecamente creativa. Sin embargo, el avance tecnológico ha llevado consigo una paradoja: mientras disfrutamos de la comodidad que nos brinda la tecnología, también experimentamos una pérdida gradual de nuestra necesidad de crear y construir de manera activa. Antaño, encender una hoguera o fabricar herramientas eran habilidades esenciales, pero hoy en día, estas acciones se han simplificado a un simple gesto, como pulsar un botón. Aunque esta simplificación mejora la eficiencia y facilita nuestra vida diaria, también plantea un desafío. La comodidad extrema puede adormecer nuestra mente creativa, ya que la constante búsqueda de soluciones y la construcción de herramientas ya no son tan apremiantes. Es por eso, que a pesar de la maravillosa evolución tecnológica que nos rodea, debemos recordar la importancia de mantener viva nuestra capacidad innata de ser creadores y constructores, ya que, en última instancia, es fundamental para nuestro desarrollo y bienestar. Así, al perder la práctica de la creatividad, se manifiesta el fenómeno en el que tareas aparentemente simples en las empresas se tornan innecesariamente complicadas.

Hemos desaprendido y, por ende, necesitamos reaprender. La reconexión con nuestro ser auténtico implica integrar lo racional, lo emocional, lo creativo y lo práctico. Estamos hablando de rehumanizar, de reconectarnos con la esencia humana, con nosotros mismos. A pesar de contar con todas las herramientas tecnológicas, la comunicación humana sigue siendo un desafío. El exceso de tecnología a menudo sustituye el arte de enseñar a la gente a comunicarse, como levantarse de una silla y dirigirse al despacho de al lado para preguntarle a alguien cómo está.

Aprender a decir "no"

Esta desconexión con las personas se agrava debido a la sobreexposición tecnológica. En mi perspectiva, conciliar implica algo tan esencial como respetar ciertos espacios. En épocas pasadas, usando el teléfono fijo, a nadie se le ocurriría llamar un sábado por la mañana para discutir detalles sobre una campaña. No obstante, en la actualidad, si surge una idea, simplemente enviamos un mensaje por WhatsApp. Todos compartimos la sensación de estar abrumados y ocupados, lo cual está estrechamente vinculado con algo aparentemente simple pero esencial: aprender a decir no.

El temor a decir "no" es común a todo el mundo; nos aterra la idea de decepcionar a los demás. Sin embargo, al sucumbir a esta aprehensión, nos convertimos en nuestros propios adversarios al aceptar compromisos y obligaciones que resultan inalcanzables. Este patrón, en lugar de resolver problemas, simplemente los pospone. En mi perspectiva, aquellos que logran gestionar con sabiduría el uso del "no" demuestran un compromiso más profundo y coherente con las responsabilidades que asumen. Esta habilidad no solo infunde confianza, sino que también revela un enfoque responsable hacia sus compromisos.

El miedo a decir "no" nos conduce a depender cada vez más de la tecnología para expandir nuestras agendas y estar presentes en múltiples lugares simultáneamente. He presenciado situaciones en las que las personas participan en dos reuniones a la vez, dividiendo su atención entre la interacción directa y el constante uso del teléfono móvil. Sería más beneficioso retornar a lo fundamental, aprender nuevamente a establecer límites y decir "no", priorizando nuestras actividades para participar plenamente en aquellas que realmente importan. En lugar de seguir este enfoque, a menudo optamos por desarrollar nuevas herramientas multitarea, como plataformas que nos permiten estar en Teams, Zoom, WhatsApp y escuchar podcasts al mismo tiempo, si es necesario. Pero al observar estas prácticas, surge la pregunta de si, en última instancia, estamos sacrificando nuestra verdadera presencia y concentración.

En este contexto, se hace evidente que los desafíos persistentes en el ámbito empresarial no se originan en deficiencias tecnológicas, sino más bien en las carencias de gestión. Las empresas enfrentan obstáculos cruciales relacionados con la comunicación, las relaciones humanas y la empatía, aspectos a menudo descuidados en medio del vértigo tecnológico. Al obsesionarnos con adoptar la última tecnologia, corremos el riesgo de descuidar aspectos fundamentales en la gestión empresarial. Deberíamos recordar que, al final, es en este terreno donde se toman las decisiones que determinan el curso y el éxito de cualquier organización, subrayando así la importancia de equilibrar el avance tecnológico con una sólida gestión humana.

Metodologías de trabajo en una empresa

En el complejo entramado de responsabilidades que recae sobre los líderes, independientemente del tamaño de su equipo, se destaca una dimensión crucial: la capacidad de liderarse a sí mismos. Antes de sumergirse en las demandas diarias, es imperativo dedicar unos valiosos minutos, al inicio de cada jornada, para reflexionar y anticipar los desafíos que se avecinan.

Un profesor me dejó una huella profunda al proclamar que "todo son operaciones". Esta afirmación resuena especialmente al considerar que, a lo largo del día, nos enfrentamos a diversas situaciones que requieren nuestra gestión. La capacidad de manejar múltiples aspectos está intrínsecamente ligada al tiempo, un recurso siempre limitado.

Este enfoque dinámico a menudo genera un conflicto interno, ya que algunos lo asocian con la falta de rigor. Quiero aclar, que la rigurosidad debe aplicarse con inteligencia, siendo inflexible en compromisos que verdaderamente lo requieran. Sin embargo, es esencial tener la flexibilidad de evaluar si la rigurosidad se alinea con las necesidades cambiantes de la organización. En este contexto, sostengo que los planes se formulan con la capacidad de ajustarse según las circunstancias. La cintura y la adaptabilidad son, en última instancia, elementos esenciales del liderazgo efectivo.

Por eso, en el ámbito de la toma de decisiones, es esencial diferenciar entre rigor y rigidez. La rigidez, malinterpretada como un exceso de formalidad, puede generar conflictos en el entorno empresarial. Desde mi perspectiva, los líderes y aquellos encargados de tomar decisiones deben comprender que su compensación económica está vinculada directamente a su habilidad para tomar decisiones cruciales. Este es el punto donde realmente aportamos un valor significativo, en contraste con seguir de manera inflexible un plan preestablecido, lo que sería equivalente a activar el piloto automático. La capacidad de los directivos para discernir cuándo es necesario desconectar temporalmente el piloto automático es crucial en el dinámico panorama empresarial.

En este sentido, así como la cultura empresarial se forma de manera inherente en toda organización, las metodologías de trabajo adoptadas, ya sea mediante un plan estructurado o de manera más espontánea, juegan un papel crucial en el funcionamiento de la empresa. Algunas organizaciones trazan planes meticulosos, mientras que otras se adentran en un enfoque más anárquico. Personalmente, no abogo por la regulación total en la vida, ya que creo en la autonomía, pero también reconozco que, en ciertos aspectos, la implementación de ciertas pautas puede ser beneficiosa.

En la mayoría de los casos, observo un exceso de regulación que, paradójicamente, no se traduce en un mejor funcionamiento. La saturación normativa no se debe a la escasez de leyes, normas o decretos, sino más bien a la falta de claridad y aplicabilidad en las regulaciones existentes. Así, en el ámbito empresarial, y específicamente en lo que respecta a las metodologías de trabajo, abogo por menos directrices, pero más precisas. Por ejemplo, podríamos limitar el número de reuniones diarias y establecer como requisito previo compartir el índice de temas con suficiente antelación. Este enfoque no solo requiere rigor, especialmente en la preparación de reuniones, sino que también enfatiza la necesidad de flexibilidad para ajustar el guion cuando sea necesario, algo que a menudo pasa desapercibido.

En este sentido, creo que la clave está en encontrar un equilibrio entre la estructura necesaria para la eficiencia y la flexibilidad indispensable para adaptarse a situaciones cambiantes. El exceso de regulaciones y directrices rígidas puede ahogar la creatividad y la capacidad de respuesta de los equipos, mientras que la ausencia total de pautas puede derivar en un caos improductivo. El éxito radica en la capacidad de los líderes para discernir cuándo aplicar la rigidez y cuándo permitir la flexibilidad, garantizando así un entorno laboral que fomente la innovación y el cumplimiento de objetivos. Además, es crucial destacar que una reunión mal preparada puede ser la antesala de la ineficacia, una pérdida de tiempo para todos los involucrados y, en última instancia, una muestra de falta de respeto por el tiempo y la productividad de los demás.

En ocasiones, las personas generan ideas, pero en lugar de plasmarlas en un breve documento de trabajo, la tendencia es convocar reuniones para discutirlas. Mi enfoque difiere de esta práctica. Propongo que, en primer lugar, las ideas se plasmen por escrito. A lo largo de mis años de experiencia, he aplicado este método, y de cada diez ideas, suelen cristalizar dos o tres. Este enfoque actúa como un riguroso filtro, permitiendo que solo las ideas respaldadas por un compromiso real se desarrollen a través de un documento de trabajo, mientras que las propuestas menos comprometidas quedan en el olvido.

En la gestión de equipos, especialmente cuando se trata de cientos de personas, se hace evidente que el tiempo es un recurso limitado. Aunque se dedicara un esfuerzo constante durante las 24 horas del día, sería insuficiente para abordar todas las tareas. En este escenario, la implementación de filtros se vuelve crucial. En mi perspectiva, uno de los filtros más efectivos consiste en aplicar el criterio de saber decir "No". Es decir, es necesario ser selectivo y rechazar aquellas ideas, propuestas o actividades que no contribuyan de manera significativa a los objetivos y prioridades establecidos. Este enfoque permite canalizar eficientemente los esfuerzos hacia lo más relevante y valioso.

En este contexto, a menudo se plantean acciones para el lanzamiento de productos sin un respaldo realista. Establecer fechas límite sin considerar la viabilidad operativa predispone al fracaso. Ante plazos imposibles, la conclusión inevitable es que no se cumplirán. En este sentido, abogo por la prudente decisión de no invertir tiempo en iniciativas destinadas al fracaso previsible. Esta práctica no solo evita el agotamiento de recursos en proyectos que no tienen sentido, sino que también preserva la integridad de las operaciones al no interferir con lo que ya está bien planificado y en curso.

La idea fundamental de que "todo son operaciones" adquiere aquí una importancia crucial. Esto subraya la necesidad de mantener la eficacia en las tareas diarias. En lugar de simplemente lanzarse a nuevas iniciativas sin un análisis exhaustivo, es necesario evaluar minuciosamente las posibilidades antes de comprometerse con fechas y objetivos inalcanzables.

En ciertos momentos, personas con ideas brillantes pueden experimentar frustración al recibir una negativa, pero resulta crucial reconocer la necesidad de rechazar propuestas que no se alinean con la viabilidad y los recursos disponibles. Esta capacidad de discernimiento preserva la eficacia operativa y protege contra la dilución de esfuerzos en iniciativas que, aunque atractivas, no son factibles en el momento adecuado. Al final, es necesario sacrificar algo, ya que los recursos son limitados.

La salud financiera

En ese sentido, en el entorno empresarial, la cuestión de las prioridades se torna fundamental, especialmente ante la vasta cantidad de operaciones diarias y las limitaciones temporales. Cada día representa un nuevo ciclo en el que nos enfrentamos al desafío constante de asignar prioridades. La clave para esta tarea reside en mantener la salud del pulmón financiero. Por eso, la capacidad de la empresa para gestionar tensiones en tesorería y cumplir con compromisos financieros a corto plazo determina su supervivencia y longevidad. De manera análoga a un diagnóstico médico, se vuelve esencial evaluar la capacidad actual de la compañía para cumplir con sus obligaciones financieras utilizando los recursos disponibles.

En ese marco organizacional, surge la necesidad de establecer prioridades. En el constante devenir de operaciones cotidianas, donde el tiempo es una limitación inevitable, cada jornada empresarial se convierte en un desafío para determinar qué aspectos requieren atención prioritaria. En este escenario, la salud financiera emerge como un criterio de vital importancia. Evaluar la capacidad de la empresa para gestionar tensiones en la tesorería y cumplir con compromisos financieros a corto plazo se presenta como un diagnóstico esencial para asegurar su sostenibilidad y éxito a largo plazo.

En el mundo empresarial, la eficiencia exige una gestión que diferencie claramente las operaciones diarias de las perspectivas a medio y largo plazo. Ya sea para un autónomo, una pequeña o mediana empresa, o incluso para corporativas más amplias, la realidad es que la mayor parte de los recursos y esfuerzos se concentran en las tareas cotidianas. Tomemos el ejemplo de un autónomo: aproximadamente el 80% de su enfoque se destina a la actividad diaria, dejando apenas un 20% para la reflexión estratégica sobre el futuro de su empresa. Esta falta de equilibrio temporal no solo afecta a los autónomos, sino que también se observa en muchas empresas, desde las más pequeñas hasta algunas de mayor envergadura. Este enfoque exclusivo en el corto plazo resulta perjudicial y contraproducente para alcanzar la sostenibilidad a largo plazo que toda entidad empresarial persigue.

En una estructura pequeña, ya sea unipersonal o una pyme, podría resultar difícil asignar a alguien específicamente para la reflexión a medio y largo plazo debido a las limitaciones de recursos y personal. Sin embargo, a medida que la organización crece y alcanza un cierto tamaño, es esencial designar a alguien como responsable exclusivo de la planificación estratégica. Esta figura será la responsable de contemplar el futuro de la empresa, identificar oportunidades y desafíos, y trazar un curso que asegure la sostenibilidad y el éxito a largo plazo. Este enfoque dedicado no solo permite una gestión más equilibrada del tiempo y los recursos, sino que también establece las bases para una dirección más efectiva y una adaptación proactiva a las cambiantes dinámicas del mercado.

Continuando con este enfoque, es imperativo comprender que una empresa, independientemente de su tamaño, que no asigna recursos significativos a la innovación está condenada a desaparecer. La dinámica del mercado actual, sea en la industria de la restauración, la moda o cualquier otro sector, está marcada por una competencia constante. Esta competencia no solo se manifiesta en la calidad del producto o servicio, sino también en cómo afecta a los márgenes. La lucha por la supervivencia a menudo lleva a una espiral donde la reducción constante de márgenes conduce al empobrecimiento de todos los competidores que operan en este mercado. Y es precisamente entonces cuando la innovación emerge como un elemento crucial para diferenciarse, creando valor añadido para mantener una posición competitiva sostenible a largo plazo.

Tendencia occidental

En contraste con la mentalidad occidental centrada en el corto plazo, China ha demostrado su capacidad para tomar decisiones estratégicas pensando en las próximas décadas. De esta manera, se organiza bajo un modelo empresarial que podría considerarse ideal. Un equipo se centra en optimizar los productos actuales, mientras otro se dedica a construir el futuro, incluso si los beneficios son a largo plazo. Este enfoque contrasta con la mentalidad occidental, ya que, en China, la visión colectiva prevalece sobre el individualismo.

Esta diferencia de enfoque es evidente cuando observamos las empresas que cotizan en bolsa, las cuales enfrentan la constante presión de repartir beneficios año tras año. Esta exigencia a corto plazo, impuesta por el mercado, a menudo limita la capacidad de estas compañías para dedicar recursos significativos a la innovación a largo plazo y a la planificación estratégica.

En este contexto, la incertidumbre en los mercados financieros, marcada por sus continuas fluctuaciones y volatilidades, se entrelaza con la dinámica cambiante del sistema político basado en partidos. Cada cambio de gobierno y las alternancias entre visiones políticas generan ajustes constantes. Esta dualidad de inestabilidad, tanto en el ámbito económico como en el político, refuerza la arraigada tendencia occidental hacia un enfoque de corto plazo. Esta perspectiva limita la capacidad de las empresas y los gobiernos para adoptar estrategias a largo plazo, contribuyendo a un ciclo de decisiones impulsadas por urgencias inmediatas en lugar de una planificación más sólida y sostenible.

Continuando con la reflexión sobre el tiempo, es fundamental destacar que nuestro tiempo operativo, o sea, el periodo verdaderamente útil, no se limita a cuatro años, sino que está condicionado por el ciclo electoral en distintos países europeos. Elecciones en Italia, Alemania, Francia, entre otros, añaden complejidad a la generación de consensos y la toma de decisiones. La necesidad de acciones drásticas, como aquellas relacionadas con temas energéticos, choca con la diversidad de agendas políticas y electorales en Europa. Esta diversidad impide la adopción de medidas efectivas cuando se requiere, ya que cada país opera de manera autónoma y a su propio ritmo dentro del marco europeo.

Siguiendo con esta reflexión, cabe preguntarse: ¿Es negativo el sistema que tenemos en Occidente? No necesariamente. Para defender y fortalecer nuestro sistema, es esencial dotarnos de mecanismos organizativos que mitiguen la presión del tiempo. En la situación actual, nuestra falta de organización y preparación para el futuro podría comprometer la sostenibilidad a largo plazo de nuestro modelo.

Un ejemplo claro donde vemos esto, es en los ayuntamientos, sin importar su tamaño. La parálisis previa a las elecciones es evidente. Este fenómeno impide la toma de decisiones importantes en el periodo previo a los comicios. Si consideramos un ayuntamiento como la principal empresa de la ciudad, resulta problemático que una entidad tan vital se detenga debido a las elecciones. La discusión sobre la extensión de los mandatos cobra relevancia, y la necesidad de blindar temas estratégicos tras cada elección se presenta como una medida esencial para la estabilidad y el progreso comunitario.

Por eso, es crucial considerar la temática energética, medioambiental y la educación como asuntos estratégicos inmunes a los cambios políticos. Deberíamos ceder competencias a organismos supranacionales para evitar que estos temas fundamentales queden sujetos a las fluctuaciones electorales y garanticen una gestión coherente y a largo plazo. Aunque pueda percibirse como una restricción de libertad en ciertos momentos, la delegación de competencias a instancias supranacionales con expertos líderes en la materia al frente, no busca limitar nuestra libertad, sino más bien asegurar la sostenibilidad de nuestro modelo social y forma de vida.

En este contexto, es crucial reconocer que la toma de decisiones a nivel político y empresarial no siempre puede regirse por una estructura asamblearia o democrática. En ocasiones, la necesidad de liderazgo firme y decisivo se asemeja a la confianza que depositamos en un cirujano durante una intervención médica. Al igual que no cuestionamos cada paso del cirujano, deberíamos aceptar que ciertos líderes, ya sean políticos o CEOs, deben tomar decisiones con firmeza para garantizar el rumbo y la eficacia en momentos cruciales. Esta capacidad de liderazgo es esencial para evitar parálisis y asegurar la viabilidad a largo plazo de nuestras instituciones y empresas.

Liderazgo-gestión del estrés

En la búsqueda de un liderazgo más efectivo, emerge la idea del liderazgo posibilista. Este enfoque implica centrarse en lo que es posible realizar, alentando a los equipos a investigar y llevar a cabo lo alcanzable. En este contexto, es esencial entender que el "no" no debería implicar negación, prohibición o desmotivación, sino más bien debería ser una guía para orientar los esfuerzos hacia metas más realistas y viables. De hecho, aceptar un "no" puede ser un regalo valioso, ya que ayuda a definir límites, concentrar esfuerzos y evitar dispersión de recursos.

En este sentido, en la formación de líderes, es esencial cultivar la capacidad para evaluar e identificar estratégicamente las iniciativas dentro de las compañías. El énfasis recae en entender que la cantidad de iniciativas no determina el éxito; más bien, se trata de equilibrar su peso y relevancia como en una balanza. Dentro de este enfoque, el posibilismo, conectado a la gestión del tiempo y recursos de la empresa, resalta la necesidad de evaluar los recursos económicos y el tiempo personal requeridos para cada proyecto. Así pues, la carencia de instrucción en estos aspectos conduce a una vida marcada por la constante improvisación, generando estrés, desorientación y una sensación de caos.

Para el estrés que las dinámicas empresariales generan en los trabajadores, una técnica efectiva que empleo para gestionar estas presiones consiste en designar un día específico para desconectar, previniendo a quienes corresponde para evitar preocupaciones, y en ese día evito responder llamadas. Esta estrategia no solo contribuye a controlar el estrés personal, sino que también brinda la oportunidad de analizar situaciones y establecer conversaciones con colaboradores afectados. Este enfoque facilita ofrecer apoyo, enseñarles a ser más autónomos y organizados, así como a manejar de manera efectiva sus responsabilidades laborales.

Otra regla fundamental para mitigar el estrés está relacionada con la gestión de reuniones. Establezco un límite de tres minutos para comprender el problema, identificar las afectaciones y proponer una solución. La premisa aquí es la síntesis eficaz. Sorprende cómo, en tan solo 20 segundos, un anuncio televisivo puede comunicar un mensaje persuasivo. Sin embargo, en reuniones, a menudo nos enfrentamos a narrativas extensas y poco estructuradas. La falta de capacidad de síntesis y rigor se refleja en la tendencia a iniciar desde el principio, abordando temas irrelevantes y dilatando la discusión.

Otro tema que impacta significativamente en la reducción del estrés laboral es la gestión efectiva de las tecnologías modernas, como smartphones, correos electrónicos y redes sociales. Un líder competente aborda este desafío dando ejemplo, especialmente en lo que se refiere al respeto de los horarios. La rigurosidad en el descanso de los trabajadores es fundamental, evitando el envío de mensajes o correos fuera del horario laboral. En situaciones necesarias y urgentes, la práctica de programar el envío de un correo para el siguiente día hábil destaca la importancia de respetar los límites de trabajo, contribuyendo así a un ambiente laboral más saludable.

Luego, hay otro aspecto importante. No debemos dudar en abordar las cuestiones por orden de prioridad. Personalmente, aplico esta práctica con frecuencia.

En el ámbito laboral actual, se observa que los jóvenes poseen una destreza notable para desconectarse de las tecnologías relacionadas con el trabajo en comparación con generaciones anteriores. Este fenómeno se atribuye, como señalamos anteriormente, a la menor vinculación emocional que los jóvenes mantienen con las empresas. La tendencia de priorizar la vida personal y la experiencia por encima de la carrera o el trabajo es especialmente destacable en este grupo. Y es que, al recordar mis interacciones con estas generaciones en los primeros años, admito que inicialmente no comprendía su enfoque y hasta intentaba persuadirlos basándome en mi experiencia de éxito mediante el arduo trabajo. Sin embargo, con el tiempo, he llegado a comprender y valorar su perspectiva. Este nivel de comprensión se revela como una habilidad valiosa para los líderes que gestionan equipos con diversidad generacional.

Además, la diversidad no solo se limita a aspectos culturales y de edad, sino que también abarca la diversidad de pensamientos y perspectivas. La inclusión de diversas formas de pensar en un equipo no solo enriquece la toma de decisiones, sino que también fomenta la innovación y la creatividad. Esto se vuelve especialmente crucial en un entorno empresarial, donde la capacidad de adaptación y la generación de ideas frescas son fundamentales para el éxito a largo plazo.

Por eso, para comprender el futuro y orientar nuestras empresas de manera efectiva, es esencial involucrar a los jóvenes en la planificación estratégica. Actualmente, las personas que trabajan y los jubilados disponen de un cierto poder adquisitivo, pero los jóvenes representarán el mercado principal en los próximos años. Si no comprendemos sus necesidades y la forma en que conciben el tiempo, corremos el riesgo de perder la oportunidad de diseñar productos y servicios que resuenen con ellos en el futuro. La participación activa de los jóvenes en este proceso no solo es valiosa, sino también crucial para el éxito a largo plazo de cualquier empresa.

Por hechos como el que te he explicado anteriormente, hoy en día, el entorno laboral se encuentra en constante cambio, y además de comprender la perspectiva de los jóvenes, es esencial considerar cómo gestionamos el tiempo en el ámbito laboral. Reconocer que no todos rendimos de la misma manera por la mañana que por la tarde implica una planificación estratégica más efectiva. Las mañanas podrían reservarse para tareas creativas e innovadoras, aprovechando la claridad mental y la frescura, mientras que las tardes podrían enfocarse en asuntos que requieran menos creatividad, permitiendo una gestión más eficiente y equilibrada del tiempo laboral. Este enfoque beneficia tanto a los empleados como al rendimiento general de la empresa.

En este contexto de constante cambio en el entorno laboral, es importante destacar que la gestión del tiempo no solo se relaciona con los ritmos circadianos, sino también con la flexibilidad en la jornada laboral. La variabilidad en la productividad a lo largo del día es un aspecto que las empresas deben considerar al desarrollar estrategias para un rendimiento óptimo. Además, el énfasis en la productividad no debe descuidar la importancia de fomentar un ambiente laboral saludable y sostenible a largo plazo. La integración de políticas que reconozcan y respeten estos aspectos contribuirá a construir entornos laborales más eficientes y equitativos.

Quiero compartir contigo un comentario de una persona que destacaba lo positivo de la propuesta del gobierno de reducir la semana laboral a cuatro días. La persona expresaba su agradecimiento a las empresas que ya están implementando esta medida.

Aunque la percepción de que trabajar más horas no nos pasa factura es común, pero en realidad, sí tiene implicaciones. Sin embargo, para comprender y cambiar esta mentalidad, es esencial recibir una educación desde la infancia que promueva la conciencia y el equilibrio. La capacidad de diferenciar entre lo correcto y lo incorrecto está estrechamente relacionada con la educación recibida. Así como sabemos identificar señales de tráfico que indican si vamos en la dirección correcta, también deberíamos reconocer las señales que alertan sobre el exceso de trabajo, como cuando una persona supera las ocho horas laborales. Este fenómeno, en parte, tiene raíces culturales y puede abordarse a través de una educación que fomente la salud y el bienestar.

Por tanto, hay países del norte de Europa donde se respeta mucho más el tiempo de los trabajadores. En esos lugares, al llegar la tarde, incluso a una hora temprana, ya han concluido su jornada. En estos países, la permanencia en la empresa está regulada de manera estricta; te prohíben estar allí sin previo aviso y necesitas solicitar permiso, justificando la razón. Esta norma indica que quedarse después de la jornada laboral es la excepción, no la norma. Al enfrentar estos asuntos como sociedad, es fundamental aplicar medidas que promuevan, por ejemplo, una semana laboral de cuatro días y favorezcan la conciliación. Es por eso que, en vez de optar por soluciones rápidas, como la "pastilla" para sentirnos bien, debemos concentrarnos en organizar de manera eficiente una semana laboral de cuatro o cinco días, eliminando así la constante necesidad de buscar atajos.

El tiempo natural, en especial la noche, desencadena la respuesta de nuestro cerebro a la falta de luz, estimulando mecanismos que inducen el sueño. Esto no es un capricho, sino una necesidad biológica, ya que el cerebro reconoce la importancia del descanso. Sin embargo, en algunas empresas, algunos empleados pueden trabajar muchas horas, incluso durante la noche, para cerrar proyectos o cumplir plazos exigentes. Es crucial destacar que esta situación no es representativa de todas las empresas en España.

En conclusión, la gestión del tiempo y el equilibrio entre vida laboral y personal son elementos cruciales para promover la productividad y el bienestar en el entorno laboral. La necesidad de adaptarse a nuevas formas de trabajo, considerar la diversidad generacional y comprender las demandas del mundo actual son desafíos que deben abordarse con enfoques flexibles y estratégicos. Además, es esencial cuestionar las prácticas culturales arraigadas en el ámbito laboral y buscar alternativas más sostenibles, respetando tanto el tiempo natural como las necesidades individuales. En este contexto, el liderazgo efectivo y la capacidad de adaptación se convierten en herramientas fundamentales para construir entornos laborales saludables y exitosos.

Parte II

La gestión del tiempo personal

Descansar.
Un campo que ha descansado
da una buena cosecha.

Ovidio

Descansar

El tiempo personal, ese espacio que todos anhelamos, a menudo queda relegado, convirtiéndose en el hermano pobre de nuestras vidas. Es el sueño común que persiguen muchos, aunque algunos lo postergan con la esperanza de disfrutarlo cuando se jubilen, una idea que puede generar tanto expectación como temor. La jubilación, ese momento en que teóricamente podrías dedicar más tiempo a ti mismo, pero ¿cómo será nuestra salud en ese momento? ¿Cómo conciliaremos el tiempo personal con nuestras responsabilidades? A veces, a lo largo de la vida, llegamos a puntos límite, y yo personalmente experimenté esa carga agotadora de una carrera exitosa, pero desequilibrada entre lo personal y lo profesional. Para compensar, en ocasiones, es necesario hacer un alto en el camino y suavizar un ritmo excesivo.

Ahora bien, a pesar de que todos deseamos tener más tiempo para nosotros, enfrentarnos a la realidad de tomar medidas para lograrlo puede generar temor. Este miedo a lo desconocido se manifiesta en el terreno personal. La gente anhela tiempo libre, pero no siempre está dispuesta a pagar el precio que implica explorar ese terreno inexplorado. Reencontrarse y enfrentarse a uno mismo, mirarse al espejo y cuestionar la dirección que llevamos, son actos que requieren esfuerzo. Es algo que, cuando somos jóvenes, no solemos pensar; a los 30 o 40, ese pensamiento puede aparecer de manera recurrente en nuestra mente, pero no siempre nos detenemos a considerarlo. Sin embargo, al pasar los 50, muchos comienzan a adoptar una perspectiva diferente sobre la vida.

En esta etapa, hay dos tipos de personas: aquellas que deciden enfrentarse al desafío de la introspección, incluso si es una experiencia difícil, y aquellos que eligen seguir evitando la toma de decisiones, manteniendo sus patrones de vida como quien decide consumir más cerveza para postergar la resaca inevitable. Por eso, en la búsqueda de un equilibrio entre lo personal y lo profesional, es fundamental afrontar estos dilemas y decidir qué camino tomar en esta travesía hacia el tiempo personal tan anhelado.

Superar esta etapa implica, en muchos casos, enfrentarse a los cambios de manera consciente y planificada. Aunque la vida está llena de cambios inevitables, no necesariamente debemos abordarlos como si fueran eventos que simplemente suceden fuera de nuestro control. Desde mi experiencia personal y lo que he recomendado a otros a lo largo del tiempo, abogar por el cambio consciente y planificado ha sido una constante en mi manera de entender la vida.

Personalmente, siempre he sido alguien que abraza y busca cambios, entendiendo que la vida es dinámica y está en constante evolución. Sin embargo, esto no significa tirar la casa por la ventana sin reflexión. Los cambios pueden ser manejados y minimizar su impacto requiere una preparación adecuada. Es similar a decidir correr una maratón; la decisión inicial es seguida de un plan de entrenamiento que puede durar meses o incluso años. Lo mismo se aplica a los cambios laborales significativos, que a menudo son cambios vitales.

En este sentido, la preparación es crucial. Antes de tomar decisiones, es necesario realizar un ejercicio de evaluación. Considerar la capacidad económica es primordial, ya que vivimos en un mundo donde las responsabilidades financieras no pueden ser ignoradas. Evaluar cuántos meses o años se pueden cubrir con pocos ingresos es un paso fundamental. Además, es esencial tener un plan, una hoja de ruta que guíe la transición. Imaginemos que una persona tiene una autonomía financiera de dos años. En ese caso, debería tener un plan claro sobre cómo utilizar ese tiempo para realizar cambios significativos en su vida laboral y personal.

En definitiva, abordar los cambios con conciencia y preparación puede marcar la diferencia entre una transición caótica y una transformación bien gestionada. Al considerar la capacidad económica y desarrollar un plan sólido, se puede afrontar esta etapa con mayor seguridad y confianza.

Es por eso, que, si se cuenta con una autonomía financiera que cubra los próximos 12 meses o más, ya se tiene una base sólida para afrontar cambios significativos. No es necesario tener asegurados 20 años, ya que, con la capacidad de planificación y la disposición para transformarse, incluso un año puede ser suficiente. Y es que a veces, nos aferramos a excusas y argumentos para postergar decisiones importantes, y es esencial reconocer este patrón en nosotros mismos.

Si alguien piensa que necesita al menos cinco años de autonomía financiera para tomarse un año sabático, es posible que esté utilizando una excusa perfecta para nunca dar el paso. En realidad, ¿qué harías durante este año sabático? La respuesta a esta pregunta es crucial y reveladora. Tomarse el tiempo necesario para reflexionar sobre cómo se aprovechará ese período puede ser el primer paso para deshacerse de las excusas y abrazar la posibilidad de cambio y transformación.

Luego, cuando finalmente dispones de ese tiempo sabático y no has previsto detenidamente cómo llenar esos días, puedes enfrentarte a lo que yo llamo "la travesía del desierto". Esta fase puede resultar extremadamente desafiante. Aunque tus necesidades básicas estén cubiertas, puedes sentirte perdido, especialmente si antes ocupabas un rol importante en el entorno laboral. La sensación de utilidad que proporcionaba tu posición, ya sea de alta o baja responsabilidad, se desvanece.

La mente puede jugar malas pasadas en este momento, y es crucial prepararse para esta transición. No se trata de llenar la agenda de manera intensiva, pero sí de establecer rutinas y tener un plan estructurado para esos días, de modo que te sientas productivo y satisfecho en este nuevo capítulo de tu vida.

Desde mi experiencia en la etapa en la que decidí tomarme un tiempo sabático, recuerdo que estructuré mi nueva rutina con sumo esmero. Establecía dos actividades diarias, comenzando a las 10 h. Esta elección estaba cuidadosamente pensada, ya que no quería comenzar reuniones demasiado temprano ni demasiado tarde. Comenzar a las 10 h me permitía levantarme y desayunar con calma, incluso leer la prensa con tranquilidad. A las 10 h, empezaba mi nueva rutina, mi nuevo trabajo conmigo mismo.

Además, dejaba algunos espacios libres entre semana, considerando que la improvisación es valiosa cuando se trata de un bien escaso. Ya que es importante tener un equilibrio entre la planificación y la flexibilidad. La capacidad para improvisar es apreciada aún más cuando es un recurso limitado.

Este enfoque es fascinante porque implica escucharse a uno mismo. Al tener una tarde libre, es como decir: "Voy a escucharme realmente y, una vez que lo haga, seguiré lo que mi voz interior me dicte". Es un ejercicio valioso que fortalece el diálogo interno y permite actuar de manera coherente con los propios deseos, destacando la importancia de escucharse a uno mismo.

Personalmente, este enfoque me resultó muy efectivo. La clave estaba en redescubrir el sentido de mis actividades diarias y permitirme la flexibilidad de explorar nuevas formas de creatividad y expresión. A pesar de estar en mi tiempo sabático, nunca sentí que había dejado de trabajar.

Por ejemplo, imagina un escenario de selección de personal, dos candidatos nos ofrecen una perspectiva reveladora. Uno de ellos confiesa sentirse agotado, atrapado en la vorágine del trabajo y el estrés diario, mientras que el otro comparte su experiencia positiva tras dedicar un tiempo sabático dos años atrás. Este último, a diferencia del primero, ha descubierto la importancia de equilibrar su vida profesional. La pregunta es: ¿quién transmite mayor confianza y bienestar?

Momentos de pausa y reflexión

Es curioso cómo en nuestra sociedad a menudo se valora más la imagen del individuo que trabaja incansablemente, asociando su ritmo frenético con prestigio, y desestimando a aquellos que transmiten serenidad y tranquilidad. ¿Qué preferimos, a alguien agotado y nervioso, o a un profesional que se cuida y ha tenido el tiempo necesario para recuperarse? Este ejemplo destaca la relevancia de encontrar un equilibrio y cuidar de uno mismo, aspectos que a veces subestimamos en nuestra sociedad actual. En mi experiencia, he aprendido que estas prácticas no solo mejoran la calidad de vida personal, sino que también fortalecen la capacidad profesional. Es un camino hacia la autenticidad y el bienestar integral.

Así que es esencial cultivar desde la infancia la idea de cuidar de nosotros mismos, reconociendo que, al igual que las plantas y los animales, somos seres vivos que necesitan atención y equilibrio. La resistencia a adoptar prácticas de descanso y reflexión, evidente en nuestra cultura, se traduce en la falta de disposición para explorar vías que enriquezcan nuestra comprensión de la vida y el equilibrio.

Esta reticencia a incorporar momentos de pausa y reflexión en nuestra rutina diaria nos lleva a buscar ciertas vias de escape. Esto refleja una carencia en la educación que debería priorizar el autocuidado y la gestión efectiva del tiempo. La sociedad actual tiende a relegar el tiempo personal, y es fundamental replantear cómo educamos a las generaciones venideras para que aprecien la importancia del cuidado personal y el equilibrio en la vida.

Esta percepción arraigada en nuestra sociedad refleja una desconexión profunda entre el trabajo y el bienestar. Nos encontramos atrapados en un ciclo donde la semana laboral se percibe como una carga, y el fin de semana se convierte en una válvula de escape para la recuperación. En lugar de escapar constantemente, deberíamos buscar un cambio sistémico que permita una vida más plena y satisfactoria.

La clave radica en cambiar esta percepción y abogar por un enfoque que integre la vida laboral y personal de manera armoniosa. Por eso, en lugar de contar los días que faltan para el fin de semana como única vía de escape, deberíamos aspirar a construir una vida que no requiera una huida constante. Esto implica repensar la estructura de trabajo, promoviendo un equilibrio que permita a las personas disfrutar de su tiempo libre sin sentir la necesidad imperante de evadirse.

En este contexto, la consideración del tiempo personal adquiere una relevancia significativa. Es esencial adoptar una actitud que lo valore tanto como el tiempo dedicado al trabajo. Esta perspectiva, aunque no siempre compartida en todas las etapas de la vida, se vuelve más evidente con la madurez. En retrospectiva, a menudo pienso que sería beneficioso vivir la vida al revés, aplicando el conocimiento adquirido a lo largo de los años desde una perspectiva más joven.

El tiempo personal no solo se distingue por su importancia intrínseca, sino también por su naturaleza irremplazable. A diferencia de las dinámicas empresariales donde un cambio de liderazgo puede no alterar drásticamente la marcha de la empresa, las ausencias en la esfera personal dejan un vacío que resulta difícil de llenar. La compañía más grande del planeta puede cambiar de presidente y seguir su curso, pero las pérdidas personales de seres queridos dejan un impacto profundo y duradero. Es necesario tomarse en serio este aspecto de la vida, reconocer su valor intrínseco y cultivar relaciones humanas de calidad.

Las relaciones personales

En nuestra vorágine de compromisos laborales, es imperativo reconocer que, aunque dedicamos tiempo y energía significativos al ámbito profesional, hay un aspecto fundamental que a menudo descuidamos: nuestros vínculos personales. Estos lazos representan los cimientos esenciales que sustentan nuestra vida. Si bien es cierto que la dedicación al trabajo es necesaria para obtener realización y asegurar nuestro sustento, no debemos pasar por alto la importancia de cultivar y fortalecer las relaciones personales.

En la búsqueda constante de logros profesionales y metas laborales, a veces subestimamos el impacto duradero y significativo que las conexiones personales tienen en nuestra vida. Mientras avanzamos en nuestra carrera, es vital recordar que son nuestras relaciones, ya sean familiares o de amistad, las que brindan apoyo emocional, estabilidad y un sentido más profundo de pertenencia. Estos lazos, a menudo pasados

por alto en medio de las exigencias laborales, consti-
tuyen los pilares que sostienen nuestra existencia.

Y es que, en el ámbito del tiempo personal, la
búsqueda del equilibrio se revela como una premisa
esencial. Aunque trabajar es positivo, hacerlo en exceso puede resultar contraproducente. La pregunta clave
es: ¿cuánto tiempo debemos dedicar a nuestra esfera
personal? La respuesta es simple: lo necesario para
lograr la armonía.

Lo que sucede es que a veces todos nos move-
mos impulsados por obligaciones y, en cierta medida,
por motivarnos sin límite a nosotros mismos. En este
sentido, el ámbito laboral y el tiempo dedicado al trabajo son evidentes ejemplos de un tiempo obligatorio
e innegociable. Por otro lado, el tiempo personal, al
no ser obligatorio de manera inherente, depende de
nuestras decisiones sobre cuánto tiempo nos dedicamos. Este aspecto parece más arbitrario y libre, y, al
no ser una obligación, a menudo queda relegado a un
segundo plano.

Quiero compartir contigo un ejemplo ilustrativo
que me sucedió con mis hijos. Recuerdo cuando eran
pequeños y tenían celebraciones escolares como las
de Navidad o carnaval y siempre surgía la pregunta:
"Papá, ¿vendrás?" Y en ocasiones, me encontraba

ocupado con reuniones o viajes. No recuerdo la importancia de esas reuniones que supuestamente me impedían asistir a las representaciones navideñas de mis hijos. Sin embargo, sí recuerdo no haber estado presente. Llegó un momento en mi vida en el que este tema comenzó a afectarme, y empecé a replantearme ciertas cosas.

Por eso afirmo que deberíamos vivir de jóvenes con el conocimiento que poseemos de mayores. En la actualidad, no dudaría en tomar mi agenda y colocar los eventos escolares de mis hijos como prioridad. Entendería la importancia y no tendría reparos en decir que no puedo tener una reunión con cierta persona porque mis hijos me están esperando. En este sentido, el tiempo dedicado al trabajo es innegociable, generalmente obligatorio, mientras que el tiempo personal carece de una ley escrita o un horario preestablecido.

El equilibro en la gestión del tiempo

Todos somos conscientes de cuándo no estamos gestionando bien nuestras vidas, a pesar de que en ocasiones intentamos engañarnos. Sabemos cuándo algo no va bien, incluso si tratamos de autoconvencernos de lo contrario. Así que si experimentas esa sensación de manera puntual, no hay problema. Sin embargo, si persiste durante varios días, semanas o meses, es evidente que algo no va bien. En mi opinión, si me preguntas cómo saber si estamos yendo por buen camino, la respuesta es similar a cómo el ser humano reconoce la sed: lo notas, tu cuerpo te lo dice claramente.

Sin embargo, a menudo falta la valentía para reconocer que no estás bien. Este proceso a veces involucra autoengaño, ya que admitir que algo no va bien implica enfrentar la realidad. Ignorar la situación es como barrer el problema debajo de la alfombra, pero tarde o temprano, lo que no se resuelve hoy será más difícil de abordar mañana. En mi caso, viniendo de una familia de médicos, mi padre solía decir que los problemas de salud se pagan en diferido. Todo lo que estás haciendo mal hoy es como un amigo alcohólico que afirma que no le afecta. No sentir los efectos hoy no significa que no tendrás que saldar esa deuda más adelante. Ignorar los problemas solo posterga el momento de afrontar la realidad.

Cuando existe un desequilibrio en la gestión del tiempo, las consecuencias se manifiestan de manera inevitable. No cabe duda de que, al despertar un día y enfrentarse a las secuelas de un descalabro personal, se abren dos posibilidades: reaccionar ante la advertencia que la vida nos brinda o, por otro lado, ignorarla. La prevención se erige como la opción más sensata, de la misma manera en que cuidamos nuestra salud adoptando hábitos saludables para evitar futuros problemas físicos. De manera análoga, prevenir desequilibrios temporales implica gestionar nuestras responsabilidades y relaciones de manera consciente.

Pero la realidad es que esta prevención no siempre se adopta. Algunos continúan viviendo al límite, sin considerar que, al igual que en la salud física, el agotamiento mental puede llevar a situaciones límite. Es preferible reconocer y abordar los problemas a tiempo en lugar de esperar a que la vida nos imponga una pausa forzada, comparable a un infarto repentino que nos obligue a ir a urgencias.

Esta perspectiva preventiva se extiende más allá del individuo, involucrando las relaciones familiares y afectivas. Al construir y mantener una red emocional sólida, independiente de los lazos laborales, creamos un soporte vital. En la vida, cuando nos enfrentamos a situaciones difíciles, esta red se revela como fundamental. Aunque las amistades en el entorno laboral pueden ser valiosas, la importancia de contar con conexiones emocionales que trasciendan lo profesional se vuelve evidente en momentos críticos. Por lo tanto, reconocer la necesidad de equilibrio en la gestión del tiempo no solo fortalece la salud mental y emocional individual, sino que también contribuye a construir relaciones sólidas que perduran a lo largo del tiempo.

Siguiendo el sabio consejo de no poner todos los huevos en la misma cesta, comprendemos que la estabilidad laboral es tan efímera como un cambio de estación. En una empresa hoy puedes estar y mañana no, pero la vida personal persiste. No debemos permitir que nuestra existencia esté atada exclusivamente al entorno laboral, ya que, en última instancia, somos seres vivos más allá de las estructuras empresariales. Al distanciarse temporalmente de la empresa, ciertas personas experimentan miedo hacia la libertad, que se manifiesta con mayor intensidad durante el periodo de tiempo libre, como sucede durante las vacaciones de verano.

Y es que la resistencia a estos momentos de "no hacer nada" revela una mentalidad arraigada en la eficiencia constante, aplicando el mismo protocolo utilizado en el ámbito laboral a la vida personal. Sin embargo, es crucial entender que la inactividad no implica falta de productividad. A veces, permitirse el lujo de no hacer nada es un acto de liberación mental, una oportunidad para descomprimir la mente y permitir que las ideas florezcan de manera natural.

La planificación, aunque valiosa en ciertos contextos, no debe excluir la apreciación de momentos espontáneos y vacíos en la agenda. Durante periodos de cambio, como un año sabático, mantener un equilibrio sensato implica no solo planificar con moderación, sino también abrazar la belleza de un fin de semana sin planes concretos. La agenda vacía, en su simplicidad, puede ofrecer un espacio para la reflexión y la autenticidad, rechazando la idea de que el ocio planificado es la única forma de aprovechar el tiempo personal.

La idealización de los periodos sabáticos puede llevar a la percepción equivocada de que se trata simplemente de tomarse un tiempo sin hacer nada. Desde mi experiencia, puedo afirmar que planificar es esencial. Al decidir embarcarme en un año sabático, me di cuenta de que, al igual que un viaje, necesitaba cierta preparación y definir claramente mis objetivos. La primera pregunta fundamental fue: ¿Por qué quiero llevar a cabo un año sabático? Además, era crucial responder al interrogante sobre cómo ocuparía ese tiempo.

Y aquí es donde la improvisación no tiene cabida, ya que un periodo sabático mal gestionado puede resultar contraproducente. La falta de una planificación estructurada puede afectar negativamente a la autoestima, especialmente para aquellos que han sido 'workaholics' (adictos al trabajo) y de repente se enfrentan a una situación idílica en sobre el papel, pero que se convierte en un desafío emocional. Por eso, la planificación, en este contexto, se convierte en una herramienta clave.

En mi caso, aunque seguía involucrado en actividades, la dinámica cambió, ya que pasé a trabajar para mí. Esta transición no fue simplemente un descanso, sino más bien otro tipo de trabajo. En esencia, estaba abordando las carencias y aspectos que podrían mejorar mi competitividad. Aceptar este enfoque es parte de un programa de mantenimiento personal, similar a cómo los aviones son revisados y desmontados para prolongar su vida útil. La idea es detenerse cuando las cosas van bien para fortalecerse y prepararse para la próxima etapa de la carrera profesional.

Continuando con el tema de los periodos sabáticos, tuve una experiencia reciente al compartir una comida con un directivo que había decidido tomar un tiempo fuera de la empresa. Después de tres meses sabáticos, me escribió expresando su deseo de conversar conmigo, ya que sabía que yo también había pasado por una situación similar. Sin embargo, me sorprendió verlo preocupado. Al relatar su rutina diaria, que incluía tareas domésticas y responsabilidades familiares, le aconsejé que tratara su periodo sabático como un trabajo.

Le expliqué la importancia de estructurar su tiempo, programando reuniones por la mañana y participando en eventos sociales por la tarde. Aunque el año sabático permite disfrutar del ocio y la familia, es esencial mantener una mentalidad de trabajo. Es una oportunidad para seleccionar las reuniones y actividades que aportan valor, en lugar de dejarse llevar por la pasividad. Podemos comparar esta situación con el entrenamiento deportivo: al dejar de ejercitarnos, se pierde la forma física y masa muscular. Del mismo modo, al cerrarse a nuevas experiencias, uno puede perder oportunidades de crecimiento y aprendizaje.

Le aconsejé que se implicara en eventos sociales y reuniones que le interesaran y le permitieran socializar. La pasividad en este periodo no es una opción. Además, resalté la importancia de mantenerse activo, incluso si no recibía ofertas de trabajo de inmediato. Es crucial comprender que gestionar un año sabático de manera efectiva requiere una mentalidad abierta y activa. Los tiempos de pausa son positivos y necesarios, y superar la ansiedad asociada a ellos es parte fundamental de nuestro crecimiento emocional.

El tiempo de calidad

Siguiendo con la reflexión sobre la gestión del tiempo personal y la ansiedad en nuestra sociedad, resulta evidente que vivimos en una cultura marcada por las prisas constantes. La dependencia de la tecnología y la urgencia de las comunicaciones instantáneas han contribuido al aumento de la ansiedad. La necesidad de estar siempre conectado, recibir correos electrónicos o mensajes de WhatsApp, y tener reuniones constantes ha generado una ansiedad que se incrementa ante la idea de períodos sin actividad.

Este fenómeno está relacionado con la falta de educación en aspectos fundamentales durante nuestra formación. Así como no se nos enseña finanzas o comunicación efectiva, tampoco se inculca la importancia de la serenidad y la paz interior. Durante mi periodo de introspección personal, experimenté una desconexión del ritmo frenético del mundo exterior. En ese momento, comprendí la importancia de desacoplarse de la ansiedad generada por la constante actividad.

En ocasiones, nos encontramos inmersos en una cultura que asocia el éxito y la felicidad con la acumulación de experiencias y bienes materiales. La presión social nos empuja a perseguir ciertos estándares de éxito, como viajar constantemente o disfrutar de lujos. Sin embargo, este modelo puede conducir a una búsqueda insaciable y generar más ansiedad que satisfacción. La felicidad y el éxito no siempre son proporcionales a ganar más dinero o asumir más responsabilidades.

Es esencial cambiar la percepción del éxito y encontrar un equilibrio que permita disfrutar de la vida sin caer en la trampa de una imagen superficial de bienestar. Y es que, cultivar la serenidad y reconocer que la verdadera felicidad va más allá de las apariencias sociales puede conducir a una vida más plena y satisfactoria. La clave radica en valorar lo que realmente importa y liberarse de las expectativas externas que a menudo nos dictan un camino basado en la acumulación y la comparación.

En ese contexto de cambio de paradigma, retomar el control sobre el tiempo libre se convierte en una herramienta esencial para redescubrir el equilibrio entre la acción y la pausa. Es en este viaje hacia la gestión consciente del tiempo que el periodo sabático se erige como un catalizador para reevaluar no solo nuestras prioridades personales, sino también cómo estructuramos nuestras jornadas laborales.

La cultura empresarial, a menudo obsesionada con la acción constante y las métricas cuantificables, tiende a pasar por alto la importancia fundamental de la pausa estratégica. Si bien se valora la eficiencia y la productividad, se subestima el impacto positivo que puede tener dedicar tiempo a la reflexión y la planificación estratégica.

No obstante, es necesario recalcar que este enfoque no aboga por la inactividad sin propósito, sino por la necesidad de cultivar la serenidad y la reflexión consciente. En la actualidad, la sociedad está inmersa en una cultura de ansiedad, donde la constante conexión digital y la búsqueda incesante de actividad generan un estrés permanente.

En este sentid, la adopción de una perspectiva más equilibrada, que valore tanto la acción como la reflexión, podría traducirse en un cambio significativo en la cultura empresarial. Permitir que los profesionales cuenten con tiempo para pensar y planificar no solo contribuirá a su bienestar personal, sino que también promoverá la toma de decisiones, marcando así un camino hacia una forma más sostenible y saludable de abordar el trabajo y el tiempo libre.

De esta manera, la organización del tiempo en la empresa como en los periodos sabáticos, son esenciales. En un periodo sabático, la planificación desempeña un papel crucial, proponiendo una estructura que simula la rutina laboral estándar de lunes a viernes, reservando los fines de semana para actividades propias de este periodo de descanso. Al implementar esta fórmula, se percibe una evolución significativa a lo largo del tiempo sabático. En sus primeras etapas, facilita la reconexión con uno mismo y promueve la habilidad de disfrutar de momentos de soledad, constituyendo un ejercicio valioso. La soledad deja de ser temida y se convierte en un espacio propicio para la reflexión sin interferencias externas. Entonces la fortaleza personal se manifiesta en la capacidad de gozar de la propia compañía y en la ruptura de dependencias, fomentando una selección consciente de relaciones basada en elecciones, no en necesidades. Este enfoque resalta la importancia de cultivar la autonomía emocional y apreciar la soledad como una elección valiosa en la vida.

El tiempo sabático

Y es que, durante mi tiempo sabático, aprendí a ser más selectivo con las personas con las que paso tiempo. ¿Por qué llenar mi agenda con reuniones sin sentido? En lugar de cantidad, busqué calidad, apreciando los detalles y matices en mis interacciones. Algunos podrían decir que esto es egoísta, pero ¿es egoísta cuidar de mi tiempo y decidir con quién compartirlo? Lo veo como una señal de madurez. Claro, a veces debo decir que no a ciertas personas, y a otras decirles que sí. Puede que algunos no lo entiendan, pero es esencial gobernarme a mí mismo y no vivir mi vida según las expectativas de los demás. Al final del día, soy el protagonista de mi vida, y reconocerlo es clave para una vida más plena.

En esta pausa sabática, también entendí que muchos permiten que otros escriban el guion de sus vidas, siendo meros actores secundarios. Este periodo de reflexión me mostró que el tiempo es un recurso limitado y valioso. Como tal, debo ser selectivo con cómo y con quien lo utilizo.

La decisión de tomarme un tiempo sabático, en mi caso fueron 6 meses, no fue algo que sucediera de un día para otro. Se gestó a partir de sensaciones que fui experimentando y madurando con el tiempo, cobrando fuerza hasta llegar a la convicción de que necesitaba hacer algo diferente con mi vida. Cada persona es un universo único, y las motivaciones para tomar esta decisión pueden variar. Algunos pueden sentir que el ritmo actual es insostenible a largo plazo, otros pueden buscar mayor felicidad, y algunos simplemente no se ven continuando por el mismo camino. La dificultad radica, a menudo, en la acumulación de pequeños elementos que, al sumarse, desencadenan la necesidad de cambio. Es como cuando se derrama un vaso, no es solo la última gota, sino la acumulación de todas las anteriores.

Por eso, la complejidad de tomar ciertas decisiones, radica en la falta de un manual de respuestas, y al pedir consejo a diferentes personas, las respuestas variaban tanto que me perdía en la nebulosa de opiniones divergentes. Como suele suceder con muchas decisiones en la vida, a veces un evento inesperado actúa como el detonante que te impulsa a decir: "Ya está". En mi caso, la pandemia me hizo reflexionar sobre el futuro y después de observar a muchas personas afectadas en diferentes niveles, me di cuenta de la fragilidad de la salud humana.

Sinceramente, sentí la necesidad de disfrutar mucho más con mi familia y mis hijos, de dedicarme tiempo a mí mismo, algo que no había hecho en los últimos 25 años. La pandemia actuó como el detonante definitivo. En ese momento, decidí que no permitiría que el COVID me sorprendiera de nuevo en este escenario. En cierto modo me anticipé en el tiempo, ya que pocos meses después comenzó a ganar fama un movimiento a nivel mundial que se originó en Estados Unidos: la Gran Renuncia. Después de la pandemia, miles, incluso cientos de miles de personas con responsabilidades directivas de diversos niveles comenzaron a abandonar sus trabajos en masa. Este fenómeno tuvo su inicio en Estados Unidos, y su impacto llegó también a España. En mi caso, de alguna manera, anticipé todo lo que vendria, ya que tomé la decisión antes de que ese movimiento se generalizara. Mi elección no fue seguir una moda o un movimiento laboral de otro país, sino una convicción personal arraigada en mis propias reflexiones y necesidades.

A partir de ese día, antes de comenzar esos seis meses, me planteaba día a día un esquema temporal, pensaba en qué actividades realizar, qué metas alcanzar… Tenía un pequeño plan trazado. La ventaja de llevar tiempo reflexionando sobre tomar esta decisión es que, mentalmente, es como planificar un viaje. Aunque tengas cierta planificación, te enfrentas a un escenario desconocido y descubres muchas cosas sobre la marcha.

El primer día sabático, en comparación con el último día laboral, experimenté un shock. Recuerdo perfectamente que, de repente, el teléfono dejó de sonar y ya no llegaban 200 mensajes ni llamadas. Me di cuenta de la cantidad de estímulos a los que estamos sometidos diariamente. Normalizamos lo que no es normal. Fue impactante darme cuenta de la contradicción interna que experimenté. ¿Cómo podía ser que un lunes a las 11 h de la mañana estuviera en casa, tomando el sol, paseando, corriendo o en bicicleta, y que nadie me llamara? Estaba tan programado para resolver problemas que sentí una extraña sensación de no estar haciendo algo bien, como si sufriera el síndrome de abstinencia del directivo estresado.

Pero con el paso de los días, establecí mis rutinas, incorporando actividades como el deporte y sesiones de mindfulness. Construir una agenda se volvió esencial. Aunque siempre decía que seguía trabajando, mi enfoque cambió. Era como embarcarse en un periodo sabático dedicado a trabajar en otras cosas, a disponer de tiempo para mí. Practicaba meditación, hacía ejercicio, pasaba tiempo en familia y visitaba a mis padres.

Cuando me preguntaban si dejé de trabajar, explicaba que continuaba trabajando, pero de manera diferente. Durante esos meses, tuve la oportunidad de pasar más tiempo con mi madre, que estaba gravemente enferma y le quedaban pocos meses de vida. Recuerdo con especial cariño pasar esos últimos meses con ella, algo que no había hecho en los 25 años anteriores.

Así que la nueva agenda estaba repleta de actividades diversas y aprovechaba ciertos momentos para compartir comidas con amigos, y de manera sorprendente, también con personas con las que llevaba 20 años relacionandome profesionalmente, pero a quienes nunca había dedicado unos minutos para tomar un café. Fue revelador darme cuenta de cómo postergamos actividades que consideramos importantes, como si la vida fuera infinita, y cómo, sin apenas advertirlo, transcurren dos décadas. Descubrí la importancia de tomarme el tiempo para conectarme personalmente con aquellos a quienes valoro profundamente, pero con quienes solo mantenía una relación profesional desde hacía dos décadas.

Las tardes de los martes se convirtieron en mi pequeño oasis personal. Esta elección tenía su razón de ser, especialmente para aquellos que hemos llevado una vida altamente planificada, casi germánica. Solía pensar en lo afortunado que era de poder disfrutar de unas vacaciones así. Por lo tanto, los martes por la tarde los dejaba en blanco, sin ningún plan preestablecido. La idea era simplemente dejarme llevar. Podía ir al cine, comprar un libro y leerlo esa misma tarde, o simplemente disfrutar de una siesta después de comer, hasta las cinco. Más tarde, merendaba y salía a pasear. Esta rutina se convertía en un regalo para mí mismo, una improvisación que encontraba estimulante.

A pesar de seguir trabajando, los martes eran mi regalo personal, una tarde sin compromisos ni reuniones. Esta improvisación también aportaba un estímulo adicional, ya que permitía al cerebro liberarse del estrés de la planificación constante. Aprendí a equilibrar esta nueva disciplina con la anterior. El martes se convertía en una tarde sagrada, libre de cualquier obligación. Y es que durante todo el periodo sabático, nunca programé reuniones ni compromisos para los martes por la tarde, porque ese tiempo era exclusivamente para mí. Fue entonces cuando descubrí la importancia de cuidarme a mí mismo y reconocí que hay una persona más importante que cualquier otra: uno mismo. Aunque pueda parecer evidente al decirlo, fue una lección valiosa que adquirí durante este tiempo.

Así que tomarse un tiempo sabático no es tan fácil como parece. El primer mes es un desafío considerable, comparable a un avión que acaba de aterrizar. A pesar de encontrarse en la pista, los motores aún siguen funcionando. Después de un periodo intenso, apagar completamente esos motores lleva su tiempo. Esta fase inicial es como una desaceleración abrupta, un frenazo necesario, aunque difícil de sobrellevar. A pesar de su dureza, es crucial para iniciar la transición. Personalmente, considero que el mejor momento comienza a partir del segundo mes, cuando las revoluciones han disminuido y los beneficios de las nuevas rutinas comienzan a notarse.

El primer mes implica una frenada brusca, necesaria pero retadora. Puede compararse, en cierta medida, a las dificultades que se experimentan al dejar una adicción. En las primeras semanas, uno puede sentirse físicamente peor que antes, desubicado y descolocado. Las nuevas rutinas aún no han tenido el tiempo suficiente para surtir efecto. Cuando alguien me pide consejo, siempre advierto sobre este desafío inicial. Aunque se planifique con anticipación y se cuente con recursos económicos, el primer mes suele ser arduo. Es como dejar de fumar: sabemos que es positivo a medio y largo plazo, pero el proceso de adaptación es necesario.

Indudablemente, durante ese primer mes te encuentras en tierra de nadie, con un pie en el pasado y otro en el futuro, sin haber interiorizado aún la nueva rutina. En mi caso, tenía claro que no quería regresar al trabajo de inmediato, quería disfrutar de la experiencia y descubrir cosas que de otra manera hubiera pasado por alto. Aunque recibí propuestas laborales casi de inmediato, no me sentía preparado.

Este regalo que me estaba haciendo a mí mismo requería vivirlo plenamente. Quería notar los beneficios y descubrir aspectos que se habían perdido en la vorágine laboral. A partir del segundo mes, comencé a experimentar cambios notorios, no solo a nivel emocional, sino también en aspectos físicos como el peso, el color de la piel y la expresión facial. Empecé a notar un rejuvenecimiento palpable, una mirada más relajada y una sensación general de bienestar.

Esta transición, aunque inicialmente desafiante, comenzó a revelar los efectos positivos. La balanza se inclinaba hacia el descubrimiento de que el ritmo anterior estaba afectando a mi salud. Mis amigos de siempreto, al cabo de dos o tres meses, notaron una transformación en mí que reflejaba los beneficios de este periodo sabático.

Mis amigos comentan: "Ahora estás realmente presente en las cenas, antes estabas, pero no del todo". Esta observación, inicialmente fuerte, reveló una realidad que mis amigos notaban, pero que nadie se atrevía a expresar abiertamente. A veces, en las relaciones, evitamos decir la verdad para no incomodar al otro, conformándonos con un porcentaje menor de su presencia. Pero durante mi periodo sabático, al apostar por la verdad y recuperarme a mí mismo, noté que los demás también se abrían y compartían sus pensamientos sinceros. La honestidad se convirtió en un elemento clave cuando decidí ser auténtico conmigo mismo.

Continuando con las reflexiones sobre mi año sabático, tengo anécdotas que realmente dejaron una huella profunda. Recuerdo una experiencia significativa con una de mis hijas cuando me pidió ayuda con su TDR, el trabajo de investigación de bachillerato. Al ver que tenía más disponibilidad, me preguntó si podría dedicarle unas horas. Mi respuesta afirmativa la sorprendió, y me cuestionó si era en serio. Esta situación marcó el contraste entre mi antigua disponibilidad limitada y mi nueva capacidad para dedicar tiempo de calidad a quienes me rodean.

Los comentarios de mis amigos, quienes notaron mi presencia total en las cenas, y la incredulidad de mis hijos al ver que ahora podía comprometerme con un proyecto importante para ellos, destacan el cambio significativo en mi relación con el tiempo. Antes, mi agenda estaba secuestrada por las urgencias del trabajo, pero durante mi tiempo sabático, recuperé el control sobre mi tiempo, brindándoles a mis seres queridos la atención y el tiempo que merecen. Es así como el tiempo, en su esencia, se convierte en un recurso valioso y preciado.

Continuando con este viaje transformador, durante el segundo y tercer mes, experimenté de manera más profunda los beneficios de esta nueva etapa. Cambié mis prioridades de manera evidente, reconociendo que no podía seguir en la misma dinámica que antes. Algunos me sugirieron, antes de iniciar mi periodo sabático, que intentara trabajar menos o adoptar una perspectiva diferente, pero cuando tienes un cargo directivo en una empresa, estar a medio gas no es una opción. Es todo o nada. Así que decidí tomar este tiempo sabático, un periodo dedicado a mí mismo y a mis seres queridos.

En este viaje, también descubrí la verdad sobre las relaciones. Al no tener tiempo para interactuar con todos, se revelaron quienes realmente me valoraban como persona y quienes lo hacían por sus intereses particulares. Esta experiencia se convirtió en una prueba de la verdad, una oportunidad para identificar a aquellos que aprecian genuinamente mi ser, más allá de cualquier cargo o beneficio asociado a mi posición anterior. Es en estos momentos cuando se distingue entre los que te quieren por lo que eres y los que solo buscan obtener ventajas personales a través de tu rol o estatus.

En este giro hacia una nueva percepción del tiempo, también empiezo a notar detalles que antes solían pasar desapercibidos. Ahora, recibir o enviar correos de trabajo después de cierta hora me resulta incómodo.

Estos seis meses me han dejado una enseñanza fundamental: la vida es tiempo. Esta toma de conciencia se convierte en un gran activo. Retomando la idea de "Elogio del tiempo", entiendo que la gestión sabia de este recurso es clave para una vida plena. Y es que un recuerdo muy especial de este periodo sucedió alrededor del cuarto o quinto mes, donde experimenté una felicidad muy intensa. Este momento único, escuchando música en el coche mientras iba a visitar a mi madre, marcó un cambio fundamental en cómo veo mi propia vida. Por primera vez, sentí que estar bien conmigo mismo era suficiente, liberándome de la constante preocupación por cumplir las expectativas de los demás. Este cambio de perspectiva se manifestó como una lluvia de consciencia que subraya la importancia de ponerme a mí mismo en el centro de mi propia existencia.

Esta profunda conciencia impregnó cada aspecto de mi vida. Llorar, como si hubiera tenido una revelación, se convirtió en un indicador de que estaba transitando por el proceso de manera positiva. Estaba en buen camino, aunque reconozco que estos periodos de descanso pueden tener resultados variables. Tomar la decisión de un tiempo sabático no es una fórmula universal de éxito; algunos no encuentran la satisfacción deseada por diversas razones. Por eso, es fundamental abordar este periodo como un trabajo consciente, evitando el autoengaño y confiando ciegamente en que, por merecimiento, todo se resolverá. Cada individuo debe ajustar su enfoque y corregir aspectos necesarios, como yo mismo hice.

La disciplina me llevó a planificar y ejecutar este tiempo sabático de manera consciente, me proporcionó una estructura más flexible que la rigidez de mi vida laboral anterior. Mantuve rutinas, pero sin forzar la máquina como lo hacía en mi anterior empresa. La clave está en encontrar un equilibrio, ya que la gente a menudo se siente perdida cuando carece de ocupaciones durante la semana. La improvisación, algo que practiqué con mis martes festivos, tiene un valor que a veces pasa desapercibido en la rutina diaria de muchos.

Esta nueva perspectiva se evidencia en mi capacidad para escuchar más y comprender que no todas las preguntas necesitan una respuesta. Aunque esta frase podría haber sido pronunciada por otros a lo largo de la historia, para mí se convirtió en una verdad reveladora. En mi vida anterior, era como una especie de máquina constante para resolver conflictos, ya que estaba acostumbrado a ofrecer soluciones rápidas a cualquier problema. No obstante, con la presión constante, mi eficacia a veces se veía comprometida. Aprendí a valorar la importancia del silencio y a comprender que no siempre es necesario brindar respuestas inmediatas.

Esta transición en mi enfoque hacia la escucha a los demás, fue crucial. Como líder, solía ser el receptor de las preocupaciones y problemas de los demás. Durante mi tiempo sabático, invertí los roles y me dediqué a escuchar en lugar de hablar. Comprendí que hablar rara vez aporta nuevos conocimientos, ya que ya sabes lo que estás expresando. En cambio, al escuchar, uno aprende de manera constante a través de los demás. Liberarme de la carga de tener que ofrecer soluciones para todo fue una revelación sorprendente. La transformación de alto directivo a alguien que simplemente escucha generó una sensación de ligereza mental, desintoxicando mi mente y dejándola clara y despejada.

Al reincorporarme al mundo laboral, comprendí que cerraba una etapa significativa. Mis hijos notaron la transformación y expresaron su alegría por mi regreso al bienestar. Este periodo sabático no solo me proporcionó grandes lecciones, sino que también se convirtió en una promesa interna de aplicar lo aprendido en el resto de mis días. Este tiempo de descanso fue transformador, permitiéndome evolucionar hacia una versión mejorada de mí mismo, aunque lejos de la perfección.

Vivimos muchas décadas en las que pocas experiencias resultan realmente significativas. Estos seis meses, sin embargo, se destacan como los más impactantes y memorables en mi vida. Es probable que los recuerde más nítidamente que muchos trabajos anteriores, incluso aquellos que fueron considerablemente importantes. Este periodo de descanso fue más que una pausa; fue un trabajo en sí mismo, pero uno que exploró las profundidades de mi auténtico ser.

Y es que este trabajo interior durante seis meses se convirtió en una experiencia única, muy distinta de cualquier otro periodo similar en mi vida. ¿Cuántos periodos de seis meses has experimentado tú? Seguro que varios, pero ¿cuántos fueron verdaderamente significativos? Estos seis meses se destacan como aquellos que dejaron una huella profunda y transformadora. Es asombroso cómo la duración del tiempo, por sí misma, puede variar tanto en su impacto y significado.

Epílogo

Hasta que no sepamos gestionar el tiempo no podremos gestionar nada más.

Peter F. Drucker.

Ahora quiero compartir contigo cuatro textos que publiqué en mis redes sociales, los cuales han generado una notable repercusión y seguramente te invitarán a la reflexión. Los escribí después de mi período sabático, y espero que te sean de ayuda o, al menos, que puedas reflexionar sobre ellos. El primero de ellos dice así:

Decir adiós no siempre significa ser débil. A veces, implica que eres lo suficientemente sabio y valiente como para renunciar a aquello que no tiene ningún sentido mantener. La victoria pírrica, todos hemos oído hablar del concepto. Pero, ¿de dónde viene esta frase y qué significa? Una victoria pírrica es aquella que se consigue con muchas pérdidas en el bando aparentemente vencedor, de modo que incluso tal victoria puede terminar siendo desfavorable por el enorme coste que supone. El nombre proviene de Pirro, rey de Epiro, quien logró una victoria sobre los romanos después de perder a miles de sus hombres. Se dice que el rey Pirro, al contemplar el resultado de la batalla, dijo: "Con otra victoria como esta, estoy perdido". A veces, en tu trabajo o en la vida personal, te tocará guardar silencio. No será por miedo o debilidad; asúmelo como una señal clara de inteligencia. Con el paso del tiempo, ciertamente perdemos energía, pero ganamos capacidad de reflexión, y esto nos da una ventaja competitiva. Evitar, como el rey Pirro, entrar en una batalla de desgaste físico y emocional sin ningún sentido.

Una victoria pírrica puede someter a nuestro organismo a un estrés enorme, y esta reacción sostenida en el tiempo puede llegar a ser muy perjudicial para nuestra salud física y emocional. Aprendamos a dejar ir. Quizás no sea necesario ganar ninguna batalla. Creo que en la vida hay que saber llegar a los sitios, y lo más importante es saber cuándo hay que irse. Un acto de valentía te permite recuperar el control de tu vida. Con el paso de los años, te das cuenta de que es más importante tener paz que tener razón.

Hace pocos meses escribí esto, y creo que hace 20 años no habría expresado estas ideas. Todo es resultado de un proceso de aprendizaje. En aquel entonces, mi enfoque estaba centrado en ganar, alcanzar objetivos y aumentar la productividad. Al final, logré mis metas, pero ahora veo ese proceso como agotador. Aunque obtenía muchas victorias, entre comillas, también experimentaba desgaste físico y emocional. Cuando eres más joven, crees que eres inmortal y no calculas este desgaste. Piensas que tienes tiempo infinito, pero el tiempo es finito. Una victoria pírrica implica ganar, pero a veces dejándote la piel.

La capacidad de ser un líder no se limita a ciertos roles o cargos específicos; cualquiera puede ser un líder. Esta perspectiva de liderazgo natural se manifiesta cuando cualquier individuo en una organización ejerce liderazgo en proyectos específicos. No es exclusivo de CEOs, directores generales o presidentes ejecutivos. Ahora veo líderes independientemente de su posición jerárquica, algo que no podía reconocer hace dos décadas. Este cambio de perspectiva refleja mi evolución en la comprensión del liderazgo y su impacto en las dinámicas organizativas y personales.

El segundo texto que me gustaría compartir contigo es el siguiente:

Y de repente, la vida te detiene y te sienta. Y de repente la vida te detiene y te sienta porque no le has hecho caso y quiere hablar contigo y te habla y te recuerda cosas que son importantes, que tal vez habías olvidado. Dicen que tendríamos que vivir la vida al revés, sabiendo todo lo que sabemos de mayores, con la madurez, pero con la energía que tenemos durante la juventud. Como esto no es posible, es importante anclar aquellas cosas que nos ayudan a mantener el rumbo sin desgastarnos y enfocarnos en lo positivo día a día. El tiempo me ha enseñado a cambiar. Ya no discuto, solo escucho a personas con buena energía con las que comparto la caja de herramientas acumuladas a lo largo de la vida. Aprendí que, si una persona se quiere ir de mi vida, no la detengo. Si alguna me falla, me alejo. Aprendí que donde la ignorancia habla, la inteligencia calla y así se vive más feliz. Aprendí que no todos los problemas necesitan una solución, ni todas las preguntas necesitan una respuesta.

Podemos aceptar que no vale la pena dedicar tiempo a lo que no depende de uno mismo. Aprendí que no toda la distancia es ausencia, ni todo el silencio es olvido. Necesitamos llevar una mochila bastante más ligera, con menos apegos y así se vive mucho mejor. Aprendí que antes de curar a alguien, debes preguntarle si está dispuesto a renunciar a las cosas que la enfermaron. Aprendí que la fortuna siempre está del lado de los valientes. Aprendí que la vida siempre se abre camino. Las personas más importantes no se buscan. La vida te las presenta. Aprendí que preguntar es un acto inteligente y que genera confianza. Aprendí que la humildad es una cualidad humana que en ningún caso es un complejo de inferioridad. Todo lo contrario. Aprendí que la envidia es el reconocimiento que la mediocridad le rinde al talento y sobre todo, es un problema para el que la padece. Aprendí que a veces el que arriesga no pierde nada y que perdiendo también se gana. La vida te sienta y trata de decirte algo. Al final todos tendremos que dejar algún recuerdo. Elijamos estar al lado de quien valore nuestra presencia.

El tiempo nos transforma, y para ilustrarlo, me remito a ejemplos concretos. Por ejemplo, cuando menciono que, si alguien quiere alejarse de mi vida, ya no discuto y le permito marcharse, esto refleja una evolución en mi perspectiva sobre la energía y el tiempo. Entendí que no somos dueños de la vida de los demás, y no me enfado ni intento retener a alguien que toma decisiones que no necesariamente están relacionadas conmigo.

En mi juventud, solía querer retener a las personas que se alejaban, torturándome con preguntas sobre qué había hecho mal. Con el tiempo, comprendí que las relaciones son más simples de lo que a veces creemos. Las personas toman decisiones basadas en sus propios caminos y circunstancias, y no siempre tiene que ver con nosotros. En lugar de castigarme, aprendí a aceptar que los caminos de las personas pueden separarse, y eso es parte natural de la vida. Cuando éramos niños, teníamos amigos de la infancia, pero a lo largo de la vida, las personas van llegando en diferentes etapas, enriqueciéndonos de diversas maneras. Conservo amigos de toda la vida, pero también he aprendido a ver la llegada y partida de personas como algo natural y enriquecedor.

Y también una cosa que he aprendido con el tiempo, es que ahora, por ejemplo, considero que no todos los problemas necesitan una solución, ni todas las preguntas requieren una respuesta inmediata. Esta perspectiva está relacionada con la impulsividad. En la juventud, tendemos a ser más impulsivos y actuamos de manera casi automática, respondiendo a cualquier estímulo como si tuviera que generar una reacción inmediata. Este enfoque tiene sus fallos, ya que no todas las situaciones requieren nuestra intervención.

La madurez, en cambio, nos brinda la conciencia para discernir cuándo es apropiado actuar y cuándo simplemente dejar pasar. Aprendemos a reconocer situaciones en las que involucrarnos no aporta nada positivo. Por ejemplo, alguien puede estar molesto y buscando en quién descargar sus frustraciones, y en ese momento, la madurez nos permite evaluar si es necesario o no involucrarnos en esa dinámica.

También he observado en mí mismo, y me sorprende, cómo hace 15 o 20 años mucha gente venía a mí buscando respuestas. Al ser capaz de ofrecer soluciones en muchas ocasiones, gané cierta fama de ser un "consejero". No obstante, con el tiempo, he comprendido que no siempre es mi responsabilidad ofrecer respuestas a todo. Cada persona debe enfrentar sus propios desafíos y encontrar sus respuestas.

Y esto, al final, te hace aprender que es más fácil decir: "En este momento, no tengo una respuesta para ofrecerte. Permíteme meditar sobre ello. Lo lamento mucho, pero en este tema específico no puedo proporcionarte ayuda. Sería mejor que lo consultaras con cierta persona o puedo recomendarte...". Es decir, descubres la capacidad de reconocer que no todo debe ser resuelto por nosotros mismos. ¿Por qué? Porque asumir esa responsabilidad puede convertirse en una carga abrumadora. Cuando alguien te hace una pregunta y le proporcionas una respuesta que resulta exitosa, es probable que no recibas agradecimientos ni reconocimiento. Sin embargo, si la respuesta no es la esperada y las cosas van mal, la gente a menudo busca un chivo expiatorio, y lo que realmente buscaban era un salvoconducto. En otras palabras, si va bien, el mérito es suyo; si va mal, la culpa es tuya.

Por eso, para corregir esta dinámica, resulta crucial ser consciente de que, al igual que gestionamos y protegemos nuestros ahorros, también debemos administrar de manera cuidadosa nuestro tiempo.

El tercer texto que surgió a raíz de mi evolución personal, después de todo lo aprendido durante mi período sabático, es el siguiente:

La esencia de un líder que te abraza no desaparece hasta que se extinguen todas las vidas que tocó. Los líderes inspiradores que han dejado huella en nuestras vidas profesionales, poseen cualidades atemporales, capacidad de razonamiento claro, comunicación efectiva, serenidad en los momentos críticos, coraje, sentido de la justicia y la habilidad para la toma de decisiones. Son líderes visionarios que pasan a la acción sin esperar a la oportunidad perfecta, sabiendo que lo mejor es enemigo de lo bueno. Comprenden que lograr resultados significativos requiere esfuerzo constante a largo plazo y nunca abandonan una tarea manteniéndose firmes en sus convicciones. Además, estos líderes destacan por su capacidad de adaptación y aprendizaje constante. Están dispuestos a enfrentar nuevos desafíos y a adquirir nuevos conocimientos para mantenerse actualizados en un entorno cambiante, lo cual les permite mantenerse empleables y seguir creciendo. La empatía es una cualidad fundamental de estas personas. Tienen la capacidad de ponerse en el lugar de los demás, comprender sus necesidades y preocupaciones, y actuar con compasión y respeto hacia quienes lo rodean.

Esta habilidad les permite construir relaciones sólidas y fomentar un ambiente de trabajo colaborativo. Rindamos homenaje a aquellos líderes que nos han inspirado y guiado, fomentando el crecimiento de otras personas, al igual que ellos lo hicieron con nosotros. Reconozcamos a estos líderes que en momentos difíciles irradian con calma, empatía y seguridad, transmitiendo confianza y motivación.

En el trasfondo de este mensaje, se distinguen varios elementos cruciales. En sus raíces, reside un mensaje claro: en nuestra trayectoria profesional, comenzamos siendo influenciados por modelos, quizás nuestros padres. No obstante, a medida que avanzamos, llega un punto en el que nosotros mismos nos convertimos en referentes para otros, como faros iluminando el camino.

Este tercer texto, también encierra otros mensajes sutiles como el reconocimiento a aquellos que nos precedieron y allanaron nuestro camino. Ser agradecido es un valor fundamental. Otro mensaje que resalta es la importancia de la calma, la serenidad, la empatía y la motivación, elementos esenciales en estos tiempos de transformación y rapidez. Aunque el tiempo no se acelera, nuestra percepción de él ha cambiado. Para enfrentar este vértigo, propongo cultivar la calma, una decisión que implica acciones conscientes como reducir significativamente la conexión digital.

Establecer compuertas y filtros se convierte así en una labor individual, íntima y personal. Este es un esfuerzo consciente por preservar lo que realmente importa y evitar desgastes innecesarios.

Por último, el cuarto texto que anhelo compartir contigo trata sobre el poder de las pequeñas acciones y la teoría de las ventanas rotas y es el siguiente:

Esta teoría fue introducida en el año 1982 y planteaba que la falta de orden y el abandono en los entornos urbanos podía fomentar el incremento de la conflictividad social. Esta metáfora puede aplicarse al ámbito empresarial resaltando la importancia de abordar de manera proactiva los pequeños problemas en la gestión de las organizaciones. Así como un edificio con cristales rotos proyecta una sensación de deterioro. Esta analogía aplicada a las empresas ilustra cómo la ausencia de liderazgo puede impactar negativamente en el estado de ánimo de los integrantes del equipo. Para evitar esta pérdida de talento. Es fundamental gestionar adecuadamente los pequeños problemas. Los detalles que parecen insignificantes son fundamentales para crear un ambiente de trabajo saludable y positivo. Analicemos detenidamente los cristales rotos presentes en nuestras organizaciones y comencemos a abordarlos. La salud emocional de una empresa está estrechamente vinculada a la atención que dedicamos a los pequeños detalles, aquellos que realmente marcan la diferencia. Los grandes líderes saben que no hay enemigos pequeños ni problemas que no tengan solución, especialmente si los abordamos a tiempo. Las pequeñas acciones cuestan poco dinero, son de rápida implementación y generalmente van directas al corazón. Somos humanos. Por esta razón debemos movernos y el poder reside en los detalles.

Continuando con este pensamiento, quiero destacar el poder de las pequeñas cosas. A veces, nos enfocamos únicamente en las grandes acciones, pasando por alto la verdad que reside en los detalles más pequeños. Como he mencionado, muchas veces estas pequeñas acciones pueden implementarse rápidamente. Todo esto se entrelaza con la noción del tiempo y el poder del cambio. Si uno realmente desea cambiar, simplemente lo hace. En el ámbito empresarial, a menudo se plantea la necesidad de cambiar, pero se cae en la trampa de buscar soluciones mágicas y evadir la realidad evidente. Cambiar sin cambiar es imposible, y es esencial abrazar las pequeñas acciones.

El cambio comienza con acciones concretas y prácticas. Por ejemplo, si hay un ambiente negativo en una empresa, la transformación puede comenzar hoy mismo. Pequeñas acciones, como fomentar la comunicación entre departamentos, organizar reuniones informales o compartir un café, pueden marcar la diferencia. En lugar de perder tiempo buscando soluciones complejas, a menudo lo más efectivo es abordar problemas uno por uno. El poder transformador de las pequeñas acciones es innegable. No creo en recetas mágicas; creo en la suma de pequeñas acciones que, con el tiempo, generan un impacto significativo. En mi experiencia, cambiar una organización desmoralizada comenzó con sentarme con el equipo, escuchar sus inquietudes, detectar los problemas y, sobre todo, brindarles confianza. Esta acción, en apariencia pequeña, tuvo un impacto enorme sin coste alguno y en un solo día.

Continuando con mi enfoque de microgestión, en el pasado tuve que gestionar empresas en quiebra. En lugar de optar por soluciones imposibles, decidí optimizar los recursos disponibles. La transparencia resultó crucial; la gente aprecia la honestidad. Les dije que el proceso llevaría tiempo, pero que tenía una solución viable.

Y es que cuando emprendemos cualquier aventura, ya sea profesional o personal, buscamos claridad y una hoja de ruta. Decidí romper con la idea de soluciones mágicas y afirmé que el cambio llevaría cinco años. Esta perspectiva realista no desanima a las personas; por el contrario, les proporciona un horizonte temporal y les genera seguridad. Es evidente que el tiempo, aunque escaso y limitado, requiere una planificación estratégica. Al establecer un marco temporal les ofreces la oportunidad de comprender y participar en el proceso. En el núcleo de este enfoque está la capacidad de un líder para impactar primero en el corazón y luego en la razón, ya que somos seres humanos.

El ser humano tiene una notable capacidad de resistencia a lo largo del tiempo, siempre y cuando sepa a qué se enfrenta y tenga una hoja de ruta clara. Este enfoque se refleja acertadamente en el título de este libro, "Elogio del tiempo", ya que implica decirle a la gente que saldremos adelante, pero con paciencia. Cada cosa tiene su tiempo, y las organizaciones necesitan hablar claro sobre esto, evitando caer en la trampa de querer resolver todo de inmediato debido a la presión que sienten los líderes.

He aprendido, a lo largo de los años, a hacer siempre la misma pregunta cuando me presentan un proyecto: "¿En cuánto tiempo planeas ejecutarlo?" Muchas veces, la respuesta llega cargada de motivación y optimismo desmedidos, pero yo insisto en hablar de plazos razonables. No podemos plantar un limonero y esperar regoger los frutos al día siguiente. Este razonamiento tan simple se pierde con frecuencia en el ámbito empresarial, donde abunda la falta de pensamiento realista.

He visto proyectos bien concebidos que fallaron en lo más básico: la ejecución en el tiempo adecuado. Aproximadamente el 80% de los proyectos que he visto fracasar se deben a esta falta de planificación temporal. La presión por presentar resultados rápidos puede llevar a desastres, ya que muchos no comprenden que algunas iniciativas requieren tiempo para desarrollarse. Por eso siempre he mantenido una postura objetiva en este aspecto, reconociendo que estimar correctamente el tiempo necesario es esencial. Evitar la trampa de la presión sistemática y entender que el tiempo es un aliado, no un enemigo, ha sido clave tanto en los éxitos como en las lecciones aprendidas en mi trayectoria.

Para concluir las páginas de este libro, quiero darte las gracias si has llegado hasta aquí. A lo largo de esta travesía, hemos indagado en las complejidades del tiempo, ese hábil tejedor invisible que entrelaza los hilos de nuestras vidas. En 'Elogio del tiempo', hemos contemplado el liderazgo desde una perspectiva única, reconociendo que impactar en el corazón precede a persuadir la razón. Como un faro que guía en la oscuridad, hemos descubierto la importancia de anclar nuestras acciones en valores duraderos y pequeños gestos que, como piezas de un rompecabezas, construyen el camino hacia el éxito.

Este libro no solo es un testimonio, sino una invitación a reflexionar sobre nuestras vidas. Nos recuerda que, al igual que la naturaleza sigue sus propios ritmos, nosotros también debemos respetar el tiempo, permitiendo que las semillas de nuestras acciones germinen y crezcan con paciencia.

En un mundo impulsado por la urgencia, 'Elogio del tiempo' nos invita a desacelerar, a comprender que la grandeza no surge de golpes épicos, sino de la consistencia en nuestras acciones cotidianas. Las lecciones compartidas aquí, desde el poder de las pequeñas cosas hasta la gestión sabia del tiempo, son faros que iluminan el camino hacia un liderazgo auténtico y una vida plena.

Al cerrar estas páginas, nos llevamos con nosotros la idea de que, en última instancia, somos narradores de nuestra propia historia. Cada decisión, cada interacción, es un hilo en el tapiz del tiempo. Así que, en este viaje llamado vida, recordemos siempre dar tiempo al tiempo, confiando en que nuestras acciones, como las notas de una melodía, contribuiran a crear una sinfonia única que acabará conviertiendose en nuestro legado.